행복한
일터의
조 건

행복한 일터의 조건

제1판 제1쇄 발행 2018년 1월 30일

지은이 | 심윤섭
펴낸이 | 임용훈

마케팅 | 양총희, 오미경
편집 | 전민호
용지 | 정림지류
표지인쇄 | 현성인쇄
본문인쇄 | 임마뉴엘
제본 | 동신제책

펴낸곳 | 예문당
출판등록 | 1978년 1월 3일 제305-1978-000001호
주소 | 서울시 동대문구 답십리2동 16-4(한천로 11길 12)
전화 | 02-2243-4333~4
팩스 | 02-2243-4335
이메일 | master@yemundang.com
블로그 | www.yemundang.com
페이스북 | www.facebook.com/yemundang
트위터 | @yemundang

ISBN | 978-89-7001-688-7 03320

• 이 도서의 국립중앙도서관 출판시도서목록(CIP)은 e-CIP홈페이지(http://www.nl.go.kr/ecip)와
  국가자료 공동목록시스템(http://www.nl.go.kr/kolisnet)에서 이용하실 수 있습니다.
  (CIP제어번호:CIP2018001359)

당신의 출근길이 가벼워지는 긍정의 심리학

행복한
일터의
조 건

심윤섭 지음

예문당

구글(Google)에서 일하면 더 행복해질까?

요즈음 구글에서 일하는 사람들은 자신을 일컬어 '구글러 (Googler)'라 부른다. 구글이 선망의 직장이다 보니 구글러라는 호칭은 "나 이런 회사에 다니는 위대한 사람이야." 정도의 효과를 십분 누리고 있다. 특히 취업을 앞둔 젊은이들에게 구글에서 근무하는 사람이 전해주는 입사 노하우와 회사의 비전은 귀를 쫑긋 세우기에 충분하다. 그래서 많은 사람들은 이렇게 생각한다. '구글에 들어간다면 소원이 없겠어. 구글에 입사한다면 나는 누구보다 행복해질 거야.'

과연 그럴까? 구글러 중에 퇴사하는 사람은 없을까? 구글러 중에 불행감을 느끼는 사람은 없을까? 구글이 지구인으로 구성된 회사인 이상 일터의 행복이라는 질문으로부터 자유로울 수는 없을 것이다. 그들 중에도 지긋지긋하다며 퇴사하고, 일이 많아 우울하고, 실적압박에 짓눌리고, 대인관계나 기타 문제로 일터에서 불행감을 느끼는 사람은 얼마든지 있을 수 있다.

구글에서 일하면 더 행복해질까? 이 질문에 대해 심리학은 어떤 대답을 내놓을까? "그때그때 달라요"이다. 좀 더 정확히 말하면 "사람마다 다 달라요"이다. 부연설명을 하자면 "환경이 행복에 미치는 영향은 당신이 기대하는 것만큼 절대적이지 않다"이다. 평양 감사도 싫으면 그만이라는 속담처럼 일터의 행복은 개인의 성격, 일터의 문화, 개인의 사생활, 일을 대하는 태도 등 다양한 요소 간의 상호작용이 만들어낸 결과물이다.

그러므로 일터의 행복을 어떤 조건이 충족됨으로써 찾아오는 것이라고 하기에는 무리가 있다. 왜냐하면, 처음에는 설렘으로 다가왔던 조건도 시간이 지나면 시시해지기 때문이다. 게다가 행복해지기 위해 끊임없이 조건을 채워나가는 일 또한 불가능하다.

많은 사람이 일터에서 행복하지 않다고 말한다. 반면 일터에서 행복한 사람들도 분명히 존재한다. 누구에게는 일하는 것이 행복이지만, 누구에게는 생계수단 이상의 의미가 없다. 일터에서 잘 지내는 사람이 있는가 하면, 일터에 적응하는 것이 힘든 사람들도 있다. 회사 밖에서는 그럭저럭 괜찮게 지내다가도 회사에 출근하는 순간 곧바로 우울한 상태에 접어드는 경우도 있다.

그래서 이 책의 첫 부분은 성격에 대한 내용으로 할애했다. 성격은 세상과 타인 그리고 자신의 삶에 대해 지각하는 주관적인 인지의 틀이다. 그러므로 당신의 성격이 일터의 행복과 불행의 상당부분을 결정한다고 해도 과언이 아니다. 타고난 활동성과 사교성 그리고 활력을 지닌 사람은 일터에 쉽게 적응하고 원만한 대인관계를 형성하는 데 유리하다. 반면 소극적이고 비사교적이며 예민한 사람들은 대인관계와 조직적응에 상대적으로 더 오랜 시간이 필요하거나 힘겨워할 수 있다. 성격과 일터의 행복에 대한 설명은 나름 흥미로울 것이다. 독자 스스로 자신의 성격에 대해 점검할 수 있는 좋은 기회가 되길 바란다. 나를 파악하고 나를 이해한다는 것은 행복의 가장 중요한 기초이기 때문이다.

두 번째로는 일터의 문화를 살펴볼 것이다. 개인이 아무리 행복 친화적인 성격을 소유하고 있더라도 일터의 문화가 역주행을 한다면? 반대로 성격적 취약점을 보완해줄 만큼 훌륭한 일터라면? 리더, 직원, 동료애, 업무량, 직급, 직종, 근로조건, 고용형태, 인본주의 등 일터의 문화를 구성하는 여러 가지 요소가 일터의 행복에 어떻게 작용하는지 과학적인 탐구와 연구 자료를 토대로 설명할 것이다. 독자 여러분이 속한 일터의 면면을 점검해보는 것 또한 매우 유익한 작업이 될 것이다.

그다음은 개인의 환경을 들여다보는 과정이 이어진다. 개인의 환경으로는 소비성향, 재정상태, 돈의 역할, 부부관계 등으로 압축하여 설명할 것이다. 가정의 행복이 곧 일터의 행복이라는 말이 있다. 물론 이 말은 과학적으로도 설득력이 있지만, 무엇보다 개인이 놓여 있는 사적인 환경이 행복의 주요변수가 될 수 있음을 의미한다. 몇몇 사례에서는 독자의 기대와 기존 상식에 반하는 것들이 보이게 될지도 모른다. 그러나 유의미한 연구결과와 흥미로운 예시가 설득력을 배가시켜 줄 것이다.

끝으로 개인의 관점에 대해 이야기할 것이다. 성인이 된 이후 삶의 많은 부분을 차지하는 직장생활은 행불행의 터전이 될 수밖에 없다. 일터에서 긍정적인 정서를 느끼며 생활하는 사람들의 행복감은 평균이상으로 높다. 그래서 성인기의 삶이 행복이라는 물감으로 채색되어진다고 볼 수 있다. 그러나 우울, 걱정, 불안, 분노, 권태 등의 부정적 정서를 지속적으로 경험하는 사람들은 행복에서 멀어지고 장기적인 불행감에 놓일 수밖에 없다. 그러므로 우리의 관점을 조금만 바꿔서 행복을 지향한다면 직업적인 성취뿐만 아니라 일터의 행복과 인생의 안녕감도 함께 누리는 행운을 경험할 수 있을 것이다.

이 책의 결론은 조금 아껴두고 싶다. 조직이 운영되는데 있어서 행복은 제대로 대접받지 못해왔다. 경영환경의 오랜 화두는 생산성 향상과 성장 그리고 혁신과 경쟁 등의 몇 가지 단어에 제한되어 왔다. 덕분에 행복은 늘 뒷전으로 밀려 있었다. 그러나 우리는 불행할 때보다는 행복할 때 더 의욕적으로 일하는 인간이다. 경영

환경은 오래도록 구성원의 행복을 우선시하지 않았다. 그러니 하루아침에 상황이 개선되리라는 기대는 잠시 접어 두자. 물론 희망은 있다.

책의 끝까지 독자 여러분들이 함께 해주었으면 한다. 그때 일터의 행복에 대한 현실적이고 의미 있는 결론이 여러분의 행복을 더욱 배가시켜 줄 것이라고 감히 확신한다.

2017년 12월

심윤섭

CONTENTS

CHAPTER 02 당신의 일터

CHAPTER 04 그리고 일을 대하는 당신의 태도

CHAPTER 05 일터의 진정한 행복

CHAPTER 01

당신의 성격

외향적인 당신은 복 받은 사람

신이 주신 선물 `낙관성`

예민함은 우울의 절친

혼자 밥 먹는 나는 오늘도 흐림

지나친 공감은 행복의 적

성취주의자와 잠깐의 행복

우울을 부르는 잘못된 생각습관

물이 인체를 구성하는 절대적인 요소라면, 성격 또한 한 개인의 마음을 구성하는 절대적인 요소라고 할 수 있다. 그만큼 성격은 한 사람의 행복과 불행, 만족과 불만족, 평온과 근심, 일의 성공과 실패 등 많은 부분을 결정하는 중요한 요인이다. 일터의 행복을 설명하는 데 있어서 개인의 성격을 제외하고 전개한다는 것은 지나친 단순화이자 뜬구름 잡는 행복 이야기가 될 수밖에 없다. 오롯이 개인의 성격만으로 일터의 행불행을 설명하기에는 무리가 있지만 성격을 빼놓고 이야기할 수는 없다. 성격이 행복의 충분조건은 아니지만 필요조건임은 틀림없기 때문이다.

성격에 관해 설명하는 이론은 많다. 그러나 이 책에서는 성격심리학의 다양한 이론을 포괄할 수 있고, 다수의 심리학자가 타당성을 인정한 '성격의 5요인 모형(big five)'을 근거로 간략히 전개해보고자 한다. 또한 너무 깊이 있게 다루는 것은 이 책의 본질이 아니므로 성격에 대한 전반적인 이해를 높이고자 하는 취지에 충실하려 한다.

성격은 세상을 보는 렌즈와 같다. 같은 조건에서도 행복을 더 자주 경험하고 더 쉽게 발견하고 더 오래 유지하는 사람이 있는 반면, 행복을 바로 눈앞에 가져가도 알아보지 못하는 사람 또한 있다. 성격은 한 개인이 일터의 행복과 불행을 판가름하고 받아들이는데 작용하는 근본적인 원인 중 하나이다.

성격의 5요인 모형

성실성(Conscientiousness)
유능함, 질서, 의무감, 성취노력, 자기절제, 신중함

우호성(Agreeableness)
신뢰, 솔직, 이타성, 순종성, 겸손, 온유함

경험에 대한 개방성(Openess to Experience)
환상, 미적 감수성, 감정, 행위, 관념, 가치

외향성(Extroversion)
따뜻함, 사교성, 자기 주장성, 활동성, 흥분추구, 정적 정서

신경증 성향(Neuroticism)
불안, 분노, 적대감, 우울, 자의식, 충동성, 상처받기 쉬움

외향적인 당신은
복 받은 사람

대학 시절 내가 가장 부러워했던 동기 녀석이 생각난다. 훈남도 아니었고 금수저는 더욱 거리가 멀고 남다른 매력이 있는 것도 아니고 매너가 특별히 좋은 것도 아니었다. 그런데 이 친구에게는 비범한 재주가 하나 있었다. 마음만 먹으면 처음 보는 사람과도 불과 몇 분만에 대화를 시작한다. 그것도 서로 웃으면서 말이다.

언젠가 음대 학생들과 합반으로 특강을 들은 적이 있었다. 선녀처럼 생긴 음대 여학생들의 미모는 정말 놀라웠다. 몇몇 남학생들은 늑대 울음소리 비슷한 환호성을 지르기까지 했다. 대부분 뚫어져라 쳐다보기는 했지만 쉽게 다가서기는 역시 어려웠다. 그런데 이 녀석은 그 여학생들 한복판에서 희희낙락하며 대화를 주도하는 것이 아닌가? 불과 몇 분 밖에 지나지 않았는데 웃음소리는 점점 커지고 분위기가 훈훈해지고 있었다.

나는 생각했다. '그래 분명 오래전부터 알고 지내던 사이일 거야. 그러지 않고서야 어떻게 저런 대화가 가능하겠어?' 그렇게 한참이 지난 후 친구가 내 옆자리로 돌아왔을 때 나는 조금 전까지 내가 생각했던 것을 물어봤다. 그리고 나는 다시금 엄청난 충격에 빠졌다. "아니, 모르는 사이인데? 오늘 처음 본 거야."

당황해서 잠시 말을 더듬거렸지만 나는 정신을 차리고 다시 물어봤다. "그런데 어떻게 그렇게 자연스럽게 대화를 해?" 그러자 이 녀석의 한 마디는 나를 그로기 상태로 몰아넣었다. "예쁘잖아. 그러면 가서 말을 걸어야지. 그게 뭐가 힘들어?" 나는 할 말을 잃었다. "그러다 미친놈 취급받으면 어쩔 건데? 말 걸었다가 안 받아주면 창피해서 어떻게 해?" 이내 녀석이 이렇게 받아친다. "아니면 말고!"

나는 그때 이 친구와 내가 완전히 다른 세상에서 살고 있음을 알았다. 말 한마디 하려면 마음속으로 수십 번은 더 연습하고 나서야 겨우 입 밖으로 꺼내는 나와는 비교 불가였다. 녀석이 가진 재주는 대단했고 존경스러웠다.

사람들과 어울리는 것을 좋아하는가? 낯선 사람과 대화를 나누는 것에 대한 두려움이 적고 모험과 활동을 즐기며 집에 틀어박혀 있기보다는 밖으로 나가야 직성이 풀리는가? 미래의 성공가능성에 크게 흥분하고 마음에 담아두기보다는 말로 표현하는 것이 편하며 상대방에게 거절당해도 별로 마음에 두지 않는가? 그렇다면 당신은 외향적인 사람이다. 이 성격을 타고났다는 것은 한 마디로 당신이 복 받은 사람임을 의미한다.

심리학에서는 개인의 행복에 영향을 미치는 성격적 요인으로 '외향성(extroversion)'을 매우 중요하게 보고 있다. 외향적인 성격은 내향적이거나 다른 성격 요인보다 상대적으로 긍정적인 경험을 더 많이 추구하는 경향이 있다. 남들보다 행복한 경험을 더 많이 선택하고 더 많이 지향하며 살아간다는 의미이다. 그래서 외향적인 사람들은 행복감을 더 많이 느끼고, 반대로 불행감으로부터는 남보다 빠르게 회복한다. 예쁜 여학생에게 말을 걸고 싶었지만 보는 것에만 만족해야 했던 나보다는 "아니면 말고!"의 정신으로 부딪치는 내 친구가 살아가면서 긍정적 경험을 더 많이 할 확률이 높다는 의미이다.

외향성(extroversion)은 칼 구스타프 융(Carl Gustav Jung)이 처음 사용한 용어로 개인의 심리적 에너지가 외부로 향한다는 뜻을 가지고 있다. 그래서 외향적인 사람은 자기 자신에게 몰두하기보다는 외부활동, 사교, 모험, 성공, 성취 등에 크게 고무되는 특징을 보인다. 외향적인 사람은 충동적이고 투쟁적이기도 하지만 전반적으로 명랑하고 활동적이며 진취적이다. 개인적으로 외향성의 가장 부러운 특징 중 하나는 부정적인 사건을 크게 마음에 담아두지 않는다는 점이다. 돌아서면 잊어버리는 이런 성격이 어찌 행복과 친하지 않을 수 있겠는가?

성격은 한 사람이 어떤 인생을 살아왔는지에 대해 설명해주고 앞으로 어떤 삶을 살아갈지에 대해 예측 가능하게 해주는 가장 강력한 대변인이다. 예를 들어 사교성이 부족하고 걱정이 많은 사람이라면 풍성한 대인관계를 갖기 어렵고 현재를 즐길 마음의 여유도 부족할 것이다. 이런 사람이라면 남보다 상대적으로 좀 더 외로운 삶을 살아왔을 것이고, 또 앞으로도 그렇게 살아갈 확률이 높다. 반대로 사람들과 어울리는 것을 좋아하며 명랑한 사람(외향적인 사람)이라면 어떨까? 그들은 삶의 어려움이 닥칠 때 친구들의 도움을 적절히 받을 것이다. 고통스러운 현재에 압도당하기보다는 미래의 성공을 기대하며 버텨내는 길을 선택할 것이다. 그래서 성격은 한 개인의 인생 전반과 그 과정에 포함되는 행복과 불행의 비율을 결정하는 중요한 요인이 될 수밖에 없다.

구조조정으로 침체된 직장 분위기와 성과 압박이 큰 상황을 가정해보자. 사교성이 부족하고 걱정이 많은 김 대리는 늘 불안하고 사람들과 교류가 적다 보니 적절한 도움과 위로를 받기 힘들다. 문제를 대부분 혼자 해결해야 하고, 그럴수록 성과에 대한 압박은 더욱 크게 다가온다. 김 대리가 체감하는 불안과 스트레스는 남들보다 상대적으로 더 클 것이며 일터의 행복은 점점 멀어진다. 과연 일터에서 행복감을 느낀 적이 있기는 했었는지 스스로 반문할지도 모른다.

반면 외향적인 박 대리는 아주 다르다. 압박과 스트레스는 동일하겠지만 박 대리가 느끼는 정도는 김 대리보다 크지 않다. 힘든 상황이기는 하지만, 미래의 성취와 성공이 가능하다고 믿고 동기 부여 된다. 사람들과 활발하게 대화하고 교류하며 자기주장을 펼치고, 때로는 충돌하기도 하지만 크게 마음에 담아 두지는 않는다. 밖으로 나가 활동도 하고 되든 안 되든 한 번 부딪쳐 보기로 한다. 아니면 말고!

행불행은 개인의 성격이 결정한다고 해도 과언이 아니다. 일터의 행복도 예외가 아니다. 일터에서 행복감을 적절히 느끼며 유지하는 사람은 외향적일 확률이 높다. 부모님께서 물려주신 외향성이라는 선물은 일터의 행복감을 배가시켜주고 고통은 경감시켜주는 훌륭한 역할을 수행할 것이다. 외향적인 사람이라면 지금 당장 부모님께 감사의 전화부터 드려라.

신이 주신 선물
'낙관성'

한국경제는 앞으로 어떻게 될까? 자녀들의 앞날은? 내년에는 승진할 수 있을까? 우리 회사의 전망은? 그리고 10년 후 당신의 건강을 어떻게 예상하는가?

미래를 전망하는 관점을 크게 둘로 나누면 낙관주의와 비관주의이다. 세상과 미래를 어떻게 지각하고 바라보는지에 대한 이 두 가지 시각은 한 사람의 행복감뿐만 아니라 실질적인 삶의 질에도 지대한 영향력을 행사한다. 달력을 보며 올 한해가 절반밖에 남지 않았다고 한숨만 쉬는 사람도 있지만, 아직 절반이나 남았다며 더욱 충실히 보내기로 마음먹는 사람도 있다. 어차피 절반 정도가 남았다면 어떤 마음으로 바라보고 임하는지가 매우 중요하다. 물론 지나친 낙관은 독이 될 수 있다. 그러나 6개월을 한숨과 원망으로 보내기보다는 희망과 의욕으로 보내는 편이 6개월 후의 결과를 더욱 긍정적으로 변화시킬 확률이 높다.

누군가에게 물건을 판매해 본 적이 있는가? 적어도 낯선 사람에게 무엇인가를 팔려면 그 과정에서 상대방의 거절은 필연적으로 등장하게 되고, 그로 인해 종종 좌절감을 경험하게 된다. 그래서 영업담당자라면 고객의 거절에 어느 정도 달관할 수 있어야 한다. 그런데 그들이 매일 겪게 되는 좌절은 낙관적인 사고를 하지 않고서는 견디기 힘든 일이다. 판매원이 고객의 미적지근한 반응과 차가운 거절로 인해 자신의 미래를 비관적으로 예상한다면 직업적 성장을 이루기 힘들 뿐만 아니라 하루하루 우울한 기분으로 생활할 수밖에 없다.

연구 개발자도 마찬가지이다. 좀처럼 풀리지 않는 에러를 해결하기 위해 각종 실험을 수도 없이 진행하지만, 그 결과는 더디기만 하다. 그때마다 이 일이 결국 해결되지 못할 것이며 나는 지금 엉뚱한 짓을 하고 있다고 믿는다면 미래는 결국 그대로 실현될지도 모른다. 무엇보다 일하는 내내 행복하지 않을 것이다. 차라리 낙관적인 희망을 품고 실행에 박차를 가하는 것이 문제해결에 좀 더 도움이 되고 행복감을 유지하는 데도 유리하다.

미래를 희망적으로 생각하고 긍정적으로 기대하며 살아가는 삶의 태도를 '낙관성(optimism)'이라고 한다. 낙관주의라고도 불리는 이 성격특성은 신이 주신 선물이라고 할 만하다. 실제로 행복과 가장 관련이 깊은 성격특성이 낙관성이라는 것은 심리학자들의 연구를 통해 일관되게 보고되고 있다.

그러나 이런 의문이 들지도 모른다. 낙관성이 혜택으로 가득 찬 선물이라고만 할 수 있는가? 만일 실제로 큰 위험이 닥쳐왔음에도 불구하고 미래를 핑크빛으로 보고 대책 없이 일만 한다면 그것이 정말 축복이 맞는가? 낙관성은 현실을 부정하고 착각 속에서 살아가는 성격을 의미하지 않는다. 낙관성을 공허한 믿음이나 맹목적인 긍정으로 받아들이지 않았으면 한다.

[1]건강한 낙관주의자들은 인생과 세상의 부정적인 측면을 무시하거나 외면하기보다 그것을 인식하되 수용하며 그것에 저항하지 않는다. 특히 낙관성을 지닌 사람들은 자신이 소망하는 일들이 미래에 잘 실현될 수 있다는 희망적인 기대를 지니고 살아간다. 때문에 긍정정서와 자신감을 지닐 뿐만 아니라 목표 달성을 위해서 활기차고 적극적인 행동을 하게 된다. 주변에 낙천적인 성격을 지닌 사람이 있다면 그들을 잘 관찰해보라. 만일 배우자가 낙천적이라면 살아가는 동안 줄곧 많은 위안을 얻게 될 것이다. 자녀가 낙천적이라면 그들이 주는 일상의 소소한 기쁨이 양육의 고단함을 덜어줄 것이다. 혹시라도 직장상사가 낙천적이라면 불도그 같은 상

---

1 『인간의 긍정적 성품』 P464~466 '낙관성' 참조. (권석만 저. 2015. 학지사)

사와 일하는 동료보다 수십 배는 큰 행운을 누리고 있음을 기억하라. 게다가 낙천적인 부하가 있다면 그들의 열정으로부터 힘을 얻고 영감을 받을 수 있어서 좋을 것이다.

낙관성을 지닌 사람들이 일터에서 보여주는 태도는 그들 자신의 행복뿐만 아니라 동료들의 행복에도 기여한다. 과거 직장생활을 할 때 만난 마케팅부 박 부장의 낙천성이 기억난다. 박 부장은 타고난 낙천성 때문에 일터에서 부딪치는 크고 작은 난관을 매우 지혜롭게 풀어나갔다. 한 번은 나와 함께 해외 출장을 가게 되었는데 출장을 며칠 앞두고 최고경영자로부터 느닷없이 출장보고서를 매일 작성하고 반드시 영업 결과물을 만들어 오라는 지시가 떨어졌다. 부담 없이 다녀오라고 해놓고선 출장 이틀을 앞두고 빈손으로 올 생각은 하지도 말라는 식이었다. 영락없이 호텔 방에 처박혀 출장보고서를 작성하고 바이어들을 만나 어떤 결과든 무조건 만들어 내야 하는 형국이었다.

내 머릿속은 불만과 부담으로 가득 찼고 차라리 출장이 취소되거나 연기되었으면 하는 바람이었다. '사람을 그렇게 못 믿나? 갑자기 감시하고 게다가 실적까지 올리라는 게 말이 돼?' 하는 생각만 들었다. 그런데 박 부장의 반응은 나와 달랐다. "보고서야 틈틈이 쓰면 되는 거고, 실적 관련해서는 사장님도 마음이 급하셔서 그러실 거야. 미팅 때 조금 부드럽게 건의를 한 번 해봅시다."

　낙천적인 박 부장은 상황을 그다지 나쁘게 생각하지 않았고 며칠 후 겪게 될 일에 대해서도 미리 스트레스를 받지 않았다. 박 부장의 예상대로 사장님은 당장 실적을 만들어 오라고 부담을 주는 것이 아니라 그만큼 긴장을 하고 출장에 임하라는 취지였다는 설명을 건넸다.

　덕분에 사장님에 대한 오해도 풀렸고, 출장 또한 순조롭게 마무리가 되었다. 무엇보다 긍정적인 마음으로 출장길을 떠날 수 있었다는 점에서 박 부장에게 고마웠다. 이처럼 낙관성을 지닌 사람들이 일터에서 보여주는 긍정적인 태도는 주변 사람들의 행복에도 기여한다.

　낙관성은 미래를 전망하는 관점뿐만 아니라 인생사에서 경험하게 되는 다양한 일에 대한 관점에도 영향을 미친다. 낙관적인 사람들은 살면서 겪게 되는 우여곡절에 대해서 "왜 하필 나한테 이런 일이 벌어진 거야?"라고 원망하듯 말하지 않는다. 그들은 오히려 "이런 일이 벌어진 것도 다 의미와 배울 점이 있다"라고 생각하는 경향이 강하다. 사건이나 상황을 자신에게 유리하고 긍정적인 방향으로 재해석하는 설명방식(explanatory style)은 낙관적인 사람들의 특징이다.

　같은 회사, 같은 부서, 같은 상사와 일을 해도 누구는 만족하고 누구는 불만에 가득 찬 이유가 어느 정도는 성격으로 설명될 수 있다. 낙관적인 사람이 느끼는 것과 비관적인 사람이 느끼는 회사생활의 행복감은 크게 다르다. 만일 당신이 지금 일터에서 행복하지 못하다면 주변을 둘러보기 전에 내 안에 낙관성이 얼마나 있는지 살펴보는 것이 도움이 될 것이다.

예민함은
우울의 절친

외향성이나 낙관성과는 반대로 행복에 매우 취약한 성격특성이 있다. '신경성(neuroticism)'이 그것이다. 남보다 예민하고 까다롭고 걱정이 많으며 부정적인 면에 주의를 기울이는 특성이 있다. 만약 금리 2%의 파격적인 대출상품이 출시됐을 때 외향적인 사람들은 "오, 괜찮은 상품이야. 당장 은행에 가서 알아봐야겠어"라고 생각할 확률이 높은 반면, 신경성인 사람들은 "뭐가 있겠지? 괜히 2%로 주겠어? 좀 더 지켜보자고"라고 생각할 확률이 높다.

외향성과 낙관성이 행복감을 느끼는 데 복 받은 성격이라면 신경성은 그 반대편에 위치한다. 신경성 수치가 높은 사람은 그렇지 않은 사람에 비교해 일터에서 불안감을 더 자주 느끼고 신경이 곤두서 있는 상태로 지내는 시간이 더 길다. 그들은 삶이란 위험이 도사리는 밀림이고, 자칫 방심했다가는 언제라도 위기에 봉착할수 있다고 믿는다. 그 때문에 위험을 감지하는 센서를 민감하게 설정해 놓고 살아간다. 한 마디로 그들은 예민하다.

예민한 사람들의 기본적인 특성은 짜증이다. 만일 당신이 10개의 센서로 적의 동태를 감지해야 하는 정찰병이라면, 10개의 센서전부를 예의주시하며 일해야 할 것이다. 그러나 100개의 센서를빠짐없이 살펴봐야 하는 상황이 온다면 당신은 아마도 쉽게 탈진하거나 돌아버릴 것이다. 신경성(neuroticism)의 성격특성을 가진사람들은 마음속에 수많은 센서를 가지고 있고 이 센서들이 수시로 울려댄다. 그냥 넘어갈 수도 있는 작은 움직임이나 충격도 곧장센서를 자극한다. 습한 날씨, 과도한 에어컨 바람, 부하직원의 뚱한 표정, 작업 중에 멈춰버린 복사기, 오늘따라 늦게 나오는 음식, 만원 지하철, 모든 것의 센서가 울려댄다. 짜증이 난다. 반면 일터의 행복을 감지하는 센서에는 먼지가 쌓인지 오래다. 그 대신 모든마음에 안 드는 것들을 찾아내는 센서는 과도하게 발달해 있다.

예민한 사람들(신경성인 사람들)의 주된 특징 중 또 다른 하나는걱정이 많다는 것이다. 예민하기 때문에 남들보다 걱정을 더 하게되고 걱정을 많이 하다 보니 예민해질 수밖에 없는 반복적인 패턴에 놓여 있다. 다른 사람에 비교해 신경 쓸 일이 많다 보니 하루가더 피곤할 수밖에 없다. 그러나 신경성에는 무시할 수 없는 장점도 있다. 쉽게 포기하지만 않는다면 걱정 덕분에 미리 대비하고 철저하게 일을 마무리한다. 그 때문에 위험을 슬기롭게 피해갈 수 있고 일의 완성도가 높다. 그러나 지나친 걱정은 건강에 해로울 뿐만 아니라 일을 수행하는데 필요한 에너지를 빼앗아 가기 때문에 일반적으로 해롭다.

입사 10년 차의 한예민 과장은 본인의 예민한 성격이 자신을 얼마나 힘들게 하고 있는지 잘 모른다. 한예민 과장은 일주일 앞으로 다가온 신제품 개발회의 때문에 신경이 곤두서 있다. '어떤 아이디어를 제안해야 할까?' '프리젠테이션의 컨셉은 어떻게 할까?' '무슨 말부터 꺼내야 할까?' '이번에 제대로 할 수 있을까?' '이러다 망치면 앞으로 직장생활은 전부 엉망이 될 수도 있다.' 이런 식으로 끝없이 회의 생각만 하면 머리가 터질 것 같다. 지난번 회의 때 김 이사님의 표정이 좋지 않았던 것도 계속 마음에 걸린다. 행여나 비판적인 질문이 나오지는 않을까 걱정이다. 이번에는 더 잘하고 싶은데 신경 쓸 일이 너무 많아서 서 있을 힘조차 없다. 회의가 끝나기 전까지 한예민 과장은 걱정의 끈을 놓지 않을 것이 분명하다. 그런데 회의가 끝난다고 해서 과연 걱정이 사라질까? 안타깝지만 조만간 새로운 걱정이 그 빈자리를 대신할 것이다.

지난달 친구 생일을 그냥 지나친 일, 아이의 성적, 자동차 타이어 교환, 요즘 들어 부쩍 늘어난 남편의 투정, 카톡에 제대로 대답하지 않는 친언니 그리고 며칠 전부터 뻐근하고 불편한 명치 끝.

신경성인 사람은 예민하기 때문에 세상이 보내는 작은 경고음에도 민감하게 반응한다. 걱정을 사서하고 걱정이 오래 남아 있고 걱정을 달고 산다. 그래서 예민한 사람은 행복과 거리가 멀다.

예민한 사람들의 또 다른 주된 특징은 부정적인 신호에 더 강하게 반응한다는 것이다. 좀 더 정확히 말하면 남들은 다소 부정적인 신호라고 판단하는 일을 본인은 매우 부정적인 신호라고 판단하여 신호음을 크게 울려대는 것이다. 탁구공이 차 유리에 살짝 부딪치는 정도의 충격만 가해져도 크고 긴 경고음을 울리는 차량 경보 장치와 같다. 이런 사람은 회사에서 누군가와 갈등 관계에 놓이거나 상사로부터 부정적인 피드백을 받을 경우 감정적으로 매우 예민해진다.

부정적인 신호에 민감한 것도 문제가 되겠지만 눈여겨봐야 할 점은 일터에 존재하는 긍정적인 신호를 제대로 알아차리지 못한다는 것이다. 부정적인 감정을 마음에 담아 두고 있기 때문에 긍정적인 정서가 쉽게 자리 잡지 못한다. 행복을 감정이라는 차원에서 보자면 행복해지기 위한 원리는 간단하다. 행복감을 유발하는 긍정적인 감정은 오래 유지하고 부정적인 감정은 빨리 떨쳐버리면 된다. 그래서 긍정적인 감정의 비율을 부정적인 감정보다 상대적으로 높게 유지하면 된다. 그런데 예민한 사람은 그와 반대로 생각하고 행동하는 성향을 보인다. 좋은 감정은 쉽게 잊어버리고 나쁜 감정은 오래 간직하는 것이다.

　여름휴가를 생각해보자. 푸른 바다, 초록 숲, 시원한 그늘, 뜨거운 태양과 끝내주는 맥주까지. 휴가는 원래 사람이 붐비고 차도 막히고 덥고 그렇다. 그러나 예민한 사람에게 휴가는 내 돈 들여가며 고생하러 가는 극기훈련이다. 휴가를 다녀와서도 반응은 사뭇 다르다. 여행지에서의 좋은 추억보다는 안 좋았던 상황이 더 오래 남고 다음 달에 날아올 카드명세서 걱정에 마음이 불편하다.

　이러한 이유로 걱정이 많고 부정적인 신호에 예민한 사람들은 우울증에 취약하다. 행복의 가장 큰 적은 우울감이다. 우울하면서 행복할 수는 없다. 예민한 사람과 우울증은 높은 상관관계가 있다. DSM(미국정신의학협회의 정신장애의 진단 및 통계편람)에서는 우울감과 흥미의 저하라는 두 가지 항목을 우울증 진단의 근거로 삼을 만큼 중요하게 보고 있다. 우울감은 우리가 잘 아는 것처럼 예민한 사람에게 자주 등장하는 감정이다. 걱정이 많고 부정적 신호에 민감하기 때문에 스트레스에 취약하고 자주 우울해진다.

　흥미의 저하는 무력감과 연결된다. 우울증의 핵심은 무력감이다. 내가 할 수 있는 일이 아무것도 없다는 생각과 믿음, 만일 뭔가를 시도하더라도 그저 해보는 것에 불과할 뿐이라는 생각을 한다면 이 얼마나 힘 빠지는 일인가? 이런 무력감이 예민한 사람들에게서 흔히 나타난다. 외향적인 사람들을 생각해보자. 그들은 부딪쳐보고 먼저 대화를 시도하고 일단 행동한다. 무력감과는 거리가 먼 활동가이다. 예민한 사람들은 일터의 부정적인 신호, 이를테면 부서이동, 구조조정, 진급누락, 임금동결, 인수합병 등에 더 크게 좌절한다. 그뿐만 아니라 고장 난 복사기, 울려대는 전화벨, 회의 호출, 옷에 흘린 커피 등 일상적인 스트레스에 잦은 짜증을 내며 힘들어한다. 역설적으로 짜증을 자주 낸다는 것은 상황이 마음대로 되지 않는 현실에 대한 좌절감의 표현이고, 이것은 무력감과 관련이 있다.

행복한 직장생활을 위해서는 일상의 작은 즐거움을 발견하고 긍정적인 감정을 유지하려는 노력이 필요하다. 예민한 사람조차 이런 생활 태도가 중요하다는 것을 잘 알고 있다. 하지만 즐거움 같은 긍정적 감정은 쉽게 사라지고 부정적 신호에는 매우 예민한 그들의 성격은 행복을 오래 담아 두지 못한다. 그러나 당신이 예민함으로 대표되는 신경성의 특징을 갖고 있다고 해서 새롭게 걱정을 추가할 필요는 없다(물론 이미 새로운 걱정이 시작되었겠지만).

일터에서 행복하지 못한 원인을 하나 알아냈다면 그것만으로도 어깨가 훨씬 가벼워질 것이다. '문제는 남이 아니라 그것을 받아들이는 나의 성격 때문이었어'라고 생각할 수만 있어도 예민한 사람의 대열에서 한두 발짝 멀어질 수 있다.

혼자 밥 먹는 나는
오늘도 흐림

마음이 맞는 사람과 맛있는 식사를 하는 즐거움은 크다. 그래서 우리는 친구들과 모임에 흥이 나고 가족과의 외식이 기쁘다. 나는 직업 특성상 운전을 많이 하고 다니며 휴게소에서 홀로 식사를 할 때가 많다. 행복한 강의를 마친 후 먹는 식사는 기대되고 즐거워야 한다. 그런데 솔직히 혼자 밥 먹기는 싫다. 메뉴가 아무리 훌륭해도 외롭고 쓸쓸하다. 그래서 좀 전에 있었던 뜨거운 강의를 반찬삼아 조용히 씹기 운동에만 전념한다. 집사람이 옆에 있거나, 후배랑 함께 다닌다면 훨씬 맛있을 텐데 하는 생각을 하면서 말이다.

누군가와 연결되어 있다는 느낌은 행복의 필수요소이다. 사람은 관계를 배제하고 행복할 수 없으며, 친밀하고 건강한 관계를 형성한 사람은 빈약한 관계에 놓인 사람보다 삶의 만족도가 상대적으로 높다.

물론 혼자 생활하는 것이 편하다고 말하는 사람들도 있다. 특히 내향적인 사람들은 혼자 있는 상황에 잘 적응하며 피곤할 때는 대체로 혼자 있고 싶어 한다. 그러나 그들도 늘 혼자 있고 싶어 하는 것은 아니다. 외향적인 사람들에 비교해서 혼자 있을 때 더 잘 견디고 불편해하지 않을 뿐이다. 마음이 통하는 몇몇 사람들과 교류할 때 내향적인 사람들 또한 혼자 있을 때보다 더 만족한다.[2] 연구에 따르면 외향적인 사람뿐만 아니라 내향적인 사람들도 사회적인 교제를 하고 있을 때 더 행복해했다. 심지어 왕따라고 인식될 만큼 내향적인 사람들조차 사교적인 상황에 있을 때 더 즐거워했다.

전 연령대를 걸쳐 인간은 관계가 결핍될 때 다양한 심리적 문제들을 일으킨다. 보호자와의 관계가 결핍된 유아기와 아동기 아이들은 성장이 느려질 뿐 아니라 정서적 안정을 찾기 힘들다. 인간관계가 결핍되면 청소년기에는 탈선할 확률이 더 높아지고, 성인기에는 사회적응뿐만 아니라 원만한 가정을 꾸려가기 힘들어진다. 그리고 노년기에는 고독한 삶과 쓸쓸한 죽음을 예상해야 할지도 모른다.

사실 혼자 밥 먹는 것은 전혀 문제 될게 없다. 오히려 계산하기도

---

2 『모나리자 미소의 법칙』 P91~95 참조. (에드 디너, 로버트 비스워스 디너 저. 2014. 21세기북스)

편하고, 먹고 싶은 메뉴를 눈치 안 보고 고를 수 있고, 필요한 만큼만 먹어서 좋다. 그래서 최근에는 1인 식당이 성업 중이라고 한다. 그러나 함께 식사할 사람이 없다면? 사람들이 나와 함께 하는 것을 불편해한다면? 사람들과의 관계에서 외톨이가 된다면? 일상과 일터 모두 행복한 곳이 될 수 없다. 그곳은 오히려 고립된 섬이다.

과연 어떤 성격이 타인과의 관계를 원만하게 형성하고 그로 인해 일터의 행복에 더욱 유리한 상황을 만들어 갈까? '친화성(agreeableness)'은 타인과의 원만한 관계를 형성하는데 탁월함을 보이는 사람들의 성격특성이다. 그들은 타인을 잘 이해하고 공감하는 능력이 뛰어나다. 이런 사람들 주변에는 무기를 든 적군보다 보급품을 든 아군이 더 많다. 나에게 우호적인 이웃을 많이 두고 있는 사람은 보다 평화적이고 만족스러운 사회생활을 해 나가는데 유리하다. 당신을 잡아먹지 못해서 안달이 난 동료가 득실대는 환경보다는 적절한 도움을 주고 평화적으로 지낼 수 있는 동료가 많은 일터가 훨씬 만족스러울 것이다. 그래서 친화성은 일터의 행복에 좀 더 유리한 성격이라고 할 수 있다.

친화성의 대표적인 특성은 상대방의 마음을 읽는 능력이다. 공감 능력과 유사하다. 타인의 마음을 읽고 그들의 감정을 헤아리는 능력은 사람들을 주변에 모여들게 한다. 친화성이 높은 사람들은 우호적이고 협력적이며 친절하고 이타적이다. 그래서 사람들은 그들과 함께 하고 싶어 한다. 그러나 반대로 친화성이 낮은 사람들은 타인의 마음과 감정에 무관심하고 그들과 공감하지 못하며 냉철하고 무미건조하다.

2015년 5월에 발생한 중동호흡기증후군(MERS: 메르스)이 온 나라를 흔들어 놨다. 특히 논란의 대상이 된 것은 메르스 보균상태로 여러 병원에 진료를 받으러 돌아다닌 몇 명의 슈퍼감염자들이었다. 게다가 반드시 격리되어야 하는 메르스 확진자들이 격리장소를 이탈해 몰래 이동하는 바람에 국민들은 공포에 휩싸였다. 규칙을 위반하고 이탈한 격리대상자들은 비난받아 마땅하다. 그러나 확진 판정을 받지 않은 상태의 잠재적인 감염자들(결과적으로 슈퍼감염자들)에 대한 의견은 친화성 여부에 따라 갈릴 수 있다. 당신의 생각은 어떤가? 그들은 혼자 살겠다고 병원 이곳저곳을 옮겨 다니며 세균을 퍼뜨린 이기적인 사람들인가? 아니면 병명도 모르는 병에 대한 두려움 때문에 충분히 그럴 수 있는 사람들인가?

친화성이 높은 사람들은 나와 타인의 입장을 뒤집어 보는 작업이 신속하게 이루어진다. '병명도 모르는 상태에서 만약 내가 그 환자였다면 공포심에 당연히 이 병원 저 병원을 찾아다니지 않았을까?' 그러니까 그 환자는 비난의 대상이 아니라 오히려 동정의 대상이 되어야 해.'

그러나 친화성이 낮은 사람들의 생각은 다르다. '결과적으로 그 사람들이 사방에 균을 퍼뜨렸잖아. 몇몇 사람들 때문에 일이 지금 이렇게 커진 거야. 결과가 말해주잖아.' '아프면 집에 가만히 있지. 뭐하러 여기저기 옮겨 다녀. 만약 나라면 그 사람들처럼 행동하지는 않았을 거야.'

우리는 메르스 감염자들의 고통을 모른다. 게다가 슈퍼감염자들이 자의로 행동한 것이 아님을 잘 알고 있다. 그러므로 그들은 비난의 대상이 되는 억울함에서 제외되어야 마땅하다. 그러나 친화성이 낮은 사람들은 그들이 결과적으로 일을 크게 만든 장본인 중 하나라는 생각을 지우기 힘들다.

낮은 친화성이 무조건 문제가 된다고 할 수만은 없다. 개인에 따라서는 오히려 직장생활 하기 편한 성격이라고 생각할 수도 있다. 친화성이 낮은 사람들은 많은 사람과 엮이면 손해를 볼 수 있고 직장동료들과 친하게 지내봐야 별 이익이 없다고 생각한다. 타인보다는 자신의 이익에 집중하고 자신의 편의에 중심을 두기 때문에 결정도 쉽고 큰 갈등도 없다. 정이 없고 냉철하고 어찌 보면 이기적이기까지 한 이들은 직장생활을 현명하게 잘 하는 것일지도 모른다. 그러나 친화성이 낮은 사람들이 조직 내에서 차츰 늘어난다면 일터는 타인에 대한 배려보다는 자신의 이익에 몰두하는 살벌한 곳으로 변화되기 쉽다.

개인의 실적이 최고의 가치로 추앙받는 일부 판매집단이 그런 곳이다. 이런 곳에서는 타인에 대한 배려보다는 자신의 이익에 몰두해야 살아남는다. 실제로 누구나 볼 수 있도록 막대로 표시된 판매실적을 벽면에 붙여 놓고 공개적인 압박을 가하는 일터도 있다. 그런 일터는 사방이 적이다. 누구와 공감하는 것도 동료와 친화적으로 지낸다는 것도 모두 사치일 뿐이다. 결국 일터는 전쟁터가 되고 행복은 멀리 달아나고 만다.

친화성이 높다고 좋은 것도, 낮다고 조직 생활에 유리한 것도 아니다. 특히 직장생활에서는 친화성이 보통수준을 보이거나 의도적으로 적절한 수준을 유지하는 사람이 오히려 유리할 수 있다. 너무 높으면 남들에게는 행복을 주는 사람이지만 본인은 손해를 보며 살 수 있고, 너무 낮으면 자신은 편할지 모르지만 타인의 마음을 불편하게 만드는 동료가 되기 쉽다.

적절한 이해와 공감 그리고 이타적인 행동으로 직장동료와 돈독한 관계를 쌓는 것은 분명 조직 생활의 활력소가 된다. 행복의 자원은 멀리 있지 않다. 잠시 고개를 들어 주변의 동료들을 보자. 빈약한 인간관계 때문에 혼자 밥을 먹을 수밖에 없는 상황에 놓이는 것은 유쾌하지 못한 일이다. 일터의 행불행이 나의 친화성에 따라 달라질 수 있음을 생각해보자. 나는 공감하는 사람인가? 아니면 차가운 사람인가?

지나친 공감은
행복의 적

친화성에 대한 이야기를 좀 더 이어 가보자. 심리상담사는 심리 장애나 심리적 고통을 호소하는 사람들의 짐을 덜어주고 만족스러운 삶을 살 수 있도록 돕는 일을 한다. 그래서 심리상담사에게 공감 능력은 무엇보다 중요하다. 내담자의 고충을 이해하고 그들의 고통에 귀 기울이는 공감이 무엇보다 필요하다. 그런데 역설적으로 지나친 공감 능력은 심리상담사의 큰 결함이 된다. 만일 내담자의 고통에 너무 공감하는 바람에 내담자보다 더 많이 울고 더 흥분한다면? 상담이 제대로 이루어질 리 없다. 이럴 경우 내담자는 오히려 상담자의 행동에 당황하고 더 큰 상처를 받기도 한다. 공감은 상대방과 나를 연결해주는 훌륭한 도구이지만 지나칠 경우 오히려 걸림돌이 될 수 있다.

실제로 어떤 심리상담사는 지나친 공감 능력 때문에 상담을 마칠 때마다 눈이 퉁퉁 붓고 말을 잇지 못하는 경우가 다반사였다. 그녀는 수련과정에서 상담자로서 자신의 취약점이 지나친 공감 능력이라는 것을 알았고, 그로 인해 전문적인 심리상담사로의 꿈을 내려놓았다. 그녀는 자신의 지나친 공감 능력이 내담자에게 해가 될 수 있고 자신에게도 득이 되지 않음을 안 이후 학업과 연구에만 몰입하기로 결정했다.

간혹 여기저기 친구와 친척에게 상당히 많은 돈을 꿔주고는 제대로 돌려받지 못하는 사람이 있다. 주변 사람들이 하도 답답해서 "왜 그 돈을 돌려달라고 강력하게 말하지 못하느냐?", "고소를 해서라도 받아내지 않으면 평생 못 받는다"고 귀에 못이 박이도록 말해도 그냥 웃고 만다. 그리고 가끔 돌아오는 답이라고는 "그 사람들이 지금 얼마나 힘든데. 나는 그래도 먹고는 살잖아." 옆에서 지켜보자면 정말 답답해서 속이 터질 지경이다.

그런데 알고 보면 그런 사람이 오히려 경제적으로 꽤 어려운 상태에 놓인 경우가 많다. 무엇보다 가족들이 경제적인 어려움뿐만 아니라 정신적으로 상당히 힘들어하고 있다. 부부 사이도 원만하지 않다고 한다. 게다가 돈을 빌려 간 그 딱한 사람들이 실제로는 할 것 다 하고 산다는 소문까지 들리는 상황이다. 공감이 지나치면 그로 인해 겪게 되는 역경 또한 많아진다는 역설을 우리는 심심찮게 경험하게 된다.

김일녀(가명) 씨는 회사에서 소문난 일꾼이다. 늘 일이 많다. 자신의 업무뿐만 아니라 여기저기 다른 사람들이 부탁한 일을 도와주느라 항상 바쁘다. 게다가 도움이 필요할 때면 사람들은 김일녀 씨를 제일 먼저 찾는다. 여자 후배들에게는 고민을 잘 들어주는 따뜻한 언니이고, 선배들에게는 궂은일도 마다하지 않는 예스걸이다.

하지만 김일녀 씨는 줄어들지 않는 업무와 툭하면 자신을 찾는 사람들에게 차츰 지쳐가고 있다. 상대방의 입장을 헤아리고 공감하는 것도 좋지만 가끔은 확실하게 거절도 하고 싶은데 잘 되지 않는다. 공감을 잘하는 성격 때문에 늘 인기가 많은 김일녀 씨. 그녀는 지금 자신의 지나친 공감 능력으로 인해 힘겨운 직장생활을 하고 있다.

돈을 빌려주고 독촉하지 않는 지인이나 남의 일을 내 일처럼 해주는 김일녀 씨. 이런 사람 한두 명만 주변에 있으면 직장생활뿐만 아니라 인생이 참 편할 것 같다. 공감 능력이 뛰어난 사람들은 자신의 주머니가 허전해진다 하더라도 남에게 더 베푸는 사람들이다. 그러나 그들이 공감하는 동안에는 만족할지 몰라도 장기적으로는 지나친 공감이 오히려 행복에 방해가 된다. 과유불급이라고 했던가. 무엇이든 지나치면 해가 될 수 있다.

타인의 감정과 상황을 지나치게 배려하다 보면 자칫 타인 중심적인 삶을 살아갈 수 있다. 삶의 중심이 내가 아닌 타인이 될 때 심리적 고통은 배가된다. 물론 사랑에 빠진 남녀나 자식에 대한 부모의 사랑 등은 조금 다르게 보일 수도 있다. 그러나 이것 또한 예외일 수 없다. 지나치게 상대방을 배려하는 사랑은 희생에 가깝다. 배려하는 사람은 지치기 쉽고, 배려받는 사람은 질리기 쉽다. 너무 한 쪽에 치우친 사랑은 견고하지 못해 쉽게 무너진다. 결국, 이런 사랑은 서로에게 상처를 남기고 불행을 초래한다.

자식을 중심에 둔 삶도 마찬가지이다. 부모는 자녀 양육에 희생적이고 헌신적일 필요가 있지만, 과도하게 자식 중심이 되어서는 안 된다. 그것은 자식을 망치는 지름길이 될 수 있고, 부모의 삶을 제대로 살지 못하는 것이다. 자식 중심의 삶을 사는 부모는 자녀가 독립한 뒤 허탈감과 공허함으로 우울증에 쉽게 빠진다. 자기 삶의 중심이었던 자식이 빠져나가면 삶의 구심점을 잃고 흔들릴 수밖에 없다.

종종 공감이 모든 대인관계 능력의 핵심이자 자녀 양육에서 성공까지 아우르는 키워드로 묘사되는 것 같다. 적당한 수준과 적절한 시기의 공감이라면 틀린 말이 아닐 것이다. 그러나 공감이 만병통치약인 것처럼 여겨지거나 공감만으로 해결이 될 것이라는 믿음은 순진하다. 오히려 지나친 공감이 행복의 적이라는 사실에 주목할 필요가 있다.

공감 능력이 뛰어난 사람들을 보면 나는 여전히 부럽다. 타인과 쉽게 친해지고 그들로부터 지지를 얻어내는 데 있어서 공감만 한

특효약을 나는 아직 발견하지 못했다. 그런 점에서 공감은 사람들과 더불어 세상을 살아가는 데 꼭 필요한 심리적 자산임이 틀림없다. 그러나 그것이 지나칠 경우 공감을 넘어 종속이 될 수 있다.

사는 게 불만인 동료, 회사 욕을 하는 상사, 사표를 던지고 싶어 하는 부하, 갱년기를 겪고 있는 선배와 대화할 때는 충분히 공감하자. 그들의 어려움과 고충에 따뜻한 호응으로 반응하자. 그러나 거기까지이다. 공감이 지나쳐 그들의 문제를 직접 해결해주려 하거나 나서서 그들의 일을 짊어지려고 할 때 당신은 공감의 역습에 힘겨워질지 모른다. 일터의 행복은 동료에 대한 지나친 공감에 있지 않고 적절한 수준에 있음을 기억하자.

성취주의자와
잠깐의 행복

만일 신이 당신에게 다음 두 가지 코스의 미래선택권을 제안한다면? 하나는 현실은 고통스럽지만 10년 후 성공이 기다리는 인내형 코스, 다른 하나는 하루하루가 매우 즐겁고 행복하지만 미래에는 손해를 보는 쾌락형 코스이다. 아마도 한국 사람이라면 대부분 인내형 코스를 더 많이 선택하지 않을까 싶다.

그런데 만약 추가로 현재도 행복하고 미래도 행복한 코스가 주어진다면? 생각할 필요도 없이 우리는 현재와 미래가 모두 행복한 코스를 선택할 것임이 틀림없다.

[3]하버드대학의 탈 벤-샤하르 교수는 '행복을 정의하는 햄버거

---

3 『하버드대 행복학 강의 해피어』 P44~61 참조. (탈 벤-샤하르 저. 2012. (주)위즈덤하우스)

행복한 쉼터의 조건

모델'이라는 다소 익살스러운 표현을 활용해 현재와 미래의 행복을 기준으로 사람들의 행복추구 성향을 비교했다.

현재의 행복을 위해 미래의 행복을 포기하는 사람은 쾌락주의자이며 정크푸드 햄버거에 해당한다. 당장 입맛에는 맞지만 장래의 건강에는 별 도움이 안 된다. 미래의 행복을 위해 현재의 행복을 포기하는 사람은 성취주의자이며 야채 햄버거에 해당한다. 맛은 없지만, 앞으로의 건강을 생각해서 참고 먹는 햄버거이다. 현재와 미래의 행복을 모두 추구하는 사람은 행복주의자이며 이상적인 햄버거에 해당한다. 맛도 좋고 건강에도 득이 되는 햄버거를 말한다. 끝으로 현재와 미래의 행복을 모두 체념한 사람을 허무주의자라고 하며 최악의 햄버거에 해당한다. 맛도 형편없고 미래의 건강에도 전혀 도움이 되지 않는 햄버거이다.

가장 현명하고 행복한 사람은 현재도 행복하고 미래도 행복한 방향을 선택하는 행복주의자이다. 이들은 현재와 미래의 행복을 균형감 있게 추구하면서 양쪽 모두 득이 되는 방향으로 의사결정을 한다. 어떻게 하면 현재와 미래 모두 행복할 수 있을까에 대한 질문을 스스로 하기 때문에 어느 한쪽에 일방적으로 기울어진 선택을 하지 않는다. 실제로 탈 벤-샤하르 교수는 종신교수가 될 수 있는 역량을 갖췄음에도 불구하고 종신교수가 되는데 필요한 코스를 밟는 일이 행복하지 않아서 강사로 남기로 결심했다고 한다. 행복주의자가 되려면 그에 걸맞은 결단력과 용기 또한 필요하다는 것을 알 수 있다.

　여기서 우리가 주목해야 할 부분은 '성취주의자'이다. 미래의 성공과 성취를 위해 하루하루를 계속 참고 살아가는 인내형 코스를 선택하는 경우이다. 사실 우리가 살아가는 모습은 상당 부분 성취주의자의 모습에 가깝다. 특히 당신이 태어난 곳이 대한민국이라면 성취주의자의 선택에 매우 익숙할 것이다. 대학진학을 위해 십 대의 대부분을 교실과 학원에서 보내고, 대학입학 후에는 취업을 위해 어학 공부와 자격증 그리고 스펙 쌓기에 몰두한다. 입사 후에는 승진과 연봉인상을 위해 고군분투하고 결혼 후에는 내 집 장만과 괜찮은 차를 사기 위해 근검절약한다. 게다가 직장생활은 오직 여름휴가를 기대하며 묵묵히 참고 일한다. 이렇게 우리는 미래의 행복을 위해 현재의 행복을 담보하는 삶의 방식에 있어서 최고의 전문가이다.

　'고통이 없으면 얻는 것도 없다(No pain, no gain)'는 말은 우리의 신념이 된 지 오래다. 미래의 성공이 행복을 가져다줄 것이라는 믿음은 오늘 우리를 인내하게 만드는 괜찮은 명분이 된다. 실제로 이런 믿음은 무시할 수 없는 영향력을 갖는다. 성공했을 때 얻을 수 있는 자부심과 사회적 지위 또한 행복감을 상승시킨다.

　그러나 목적지에 도달해서 얻게 되는 행복감은 그리 오래가지 못한다. 성공이 행복이라는 생각을 믿게 되면 행복을 유지하기 위해 또 다른 성공이 필요해진다. 경차에서 소형차 그리고 중형차에서 대형차로 올라갈 때마다 행복해지겠지만 욕망의 전차는 조금 더 달리라고 요구한다.

예를 들어 자신의 적성에 맞지 않고 능력을 넘어서는 일이 주어질 것을 뻔히 알면서도 더 높은 연봉에 이끌려 이직을 하는 경우가 그렇다. 힘들지만 참고 견디면 더 큰 집과 더 호화로운 휴가를 보낼 수 있는 자금이 확보된다는 기대는 나쁘지 않다. 그러나 하루하루의 행복을 희생시키면서 전체적으로 행복해질 수는 없다.

성취주의자는 누구 못지않게 열심히 사는 사람이다. 나 또한 성취주의자였다. 성공하지 못하거나 최고의 자리에 오르지 못하면 가치가 없다고 생각했다. 스스로를 비난하고 잘 해내지 못한 부분에 채찍을 가했다. 그것은 분명 직업적 성취와 약간의 재정적 여유를 갖게 하는데 기여했다. 그러나 나는 행복하지 않았다. 멈추면 퇴보한다는 생각과 변화하지 않으면 도태된다는 생각으로 나는 점점 일에 중독되어 갔다.

만일 당신이 성취주의자라면 매일 일터에서 경험할 수 있는 행복은 어느 정도 양보해야 할 것이다. 그렇다고 성공이 보장되는 것도 아니다. 뭔가를 성취하고 목적지에 도달하려는 생각과 노력은 충분히 훌륭하다. 그러나 미래의 성공에 현재의 행복을 저당 잡히지 않았으면 한다. '왜 나는 일터에서 행복하지 않을까?'라는 질문에 대한 답은 미래에 있지 않고 현재에 있다. 미래의 성공을 위해 오늘 행복을 굳이 희생할 필요가 있겠는가? 회사를 옮기면 승진하면 자격증을 따면 해외발령이 나면 거래가 성사되면 연봉인상이 되면 휴가를 가면 행복할 것이라는 기대에 현재를 희생시키지 말자. 오늘은 오늘대로 행복할 수 있고, 내일은 또 내일대로 행복할 수 있다는 행복주의자의 선택을 참고했으면 한다.

우울을 부르는
잘못된 생각습관

사전에 나온 행복의 반대말은 불행이지만, 행복의 가장 큰 적은 우울이다. 우울한 감정이 전적으로 나쁘다고 할 수만은 없지만 대체로 우울은 우리의 긍정적인 감정을 쉽게 붕괴시키고 그 자리를 부정적인 감정으로 메운다. 나아가 우리의 손과 발이 적극적으로 움직이지 못하도록 한다. 그래서 우울증의 대표적인 증상은 과도한 슬픔과 눈물 흘리기가 아니라 무력감이다. 당신이 우울한 감정의 한복판에 있었을 때를 떠올려 보라. 아마 꼼짝하기 싫고 해야 할 일을 미루며 어디론가 획 하니 사라지고 싶은 무력감과 공허함에 시달렸을 것이다.

우울하면 행복할 수 없다. 그런데 이런 우울을 가까이 두고 사는 사람들이 있다. 성격적으로 보자면 예민하고 까다롭고 걱정이 많은 신경성 지수가 높은 경우이다. 신경성 지수가 높으면 당연히 쉽게 우울해지지만, 그렇다고 무조건 우울증에 걸린다거나 일생을 우울하게 살아갈 운명에 처해 있음을 뜻하지는 않는다. 남들보다 좀 더 쉽게 우울증에 노출될 수 있다는 정도로 이해하는 것이 타당하다.

성격 특성도 중요하지만, 그보다는 잘못된 생각 습관으로 인해 우울한 감정과 함께 살아가는 사람들이 더 많다. 쉽게 말해서 부정적인 감정과 친한 사람들이다. 희망적이고 고무적인 감정보다는 비관적이고 슬픈 감정에 익숙한 사람들이다. 우울한 사람들은 정열적으로 일을 추진하거나 삶을 즐기지 못하고 쉽게 무력감에 빠져든다.

이런 사람들은 일터에서도 우울한 상태에 머물 확률이 높다. 우울한 사람의 일 처리와 순발력은 긍정적인 상태에 있는 동료보다 뒤처질 수밖에 없다. 일 처리와 순발력이 뒤처지기 때문에 실적 또한 뒷걸음질을 친다. 결국, 저조한 실적은 나쁜 평가를 부른다. 그리고 나쁜 평가로 인해 다시 우울한 상태에 빠진다. 이렇듯 우울은 다시 우울을 부르고 우울을 강화하는 역할을 한다. 게다가 우울의 순환 고리가 견고해지면 행복이 비집고 들어올 틈이 점점 좁아진다. 우울은 그렇게 우리를 일터에서 무력하게 만들고 옴짝달싹 못 하게 만든다. 그렇다면 어떤 생각 습관들이 우리를 우울하게 만들까?

첫 번째, 습관적인 절망

우리는 종종 절망적인 상황을 경험한다. 나의 의지와 상관없이 절망적인 환경이 주어지는 경우도 많다. 무너진 탄광에서 살아남은 광부나 대지진의 잔해 속에서도 버티며 구조되는 사람들을 본받아야 한다고 말하고 싶지는 않다. 절망적인 상황에서는 그냥 절망하면 된다. 그 정도의 절망은 누구나 하는 것이고 자연스러운 생각이기도 하다.

하지만 습관적으로 절망하는 것은 곤란하다. 일상에서 겪는 다양한 일에 희망보다 절망감을 많이 느낀다면 우울을 부르는 생각이 이미 습관 수준으로까지 발전한 경우라고 할 수 있다. 절망은 자신의 미래를 비관적으로 생각하기 때문에 발생한다. 며칠 안 남은 시험, 내일까지 마감해야 하는 보고서, 일주일 후 예정된 발표 등 우리에게 압박감을 주는 일은 매우 많다. 그러나 한번 해보자는 입장에 서면 절망보다는 노력을 하게 된다. 반대로 해봐야 의미가 없다는 태도를 취하면 절망하게 된다. 습관적인 절망은 압박감을 극복하기 위해 어떤 행동을 취하는 것이 아니라 무기력하게 시간을 흘려보내게 만든다. 절망감으로 인해 행동하지 못하면 결과는 예측한 대로 절망적인 상황으로 전개되고 그로 인해 우울감은 더욱 증폭시킨다. 오늘 하루, 최근 몇 달 동안 당신은 희망과 절망 중 어느 쪽과 더 친하게 지내고 있는가?

두 번째, 지나친 자기 탓

일이 틀어졌을 때, 실패와 마주하게 될 때 사람들은 대부분 어떻게 생각할까? 일반적으로 성공은 자신의 노력 덕분이고 실패는 조건이나 운이 나빠서 그렇다는 핑계를 댄다. 실패의 원인을 환경이나 타인 등 외부적인 요소 때문이라고 보는 것이다. 심리학에선 이런 관점을 '외적 귀인(external attribution)'이라고 한다.

이런 핑계는 심리적으로 실패라는 충격으로부터 자신을 보호해주는 역할을 한다. 남들은 다 나를 비난할지 몰라도 나만큼은 나를 감싸주는 자기보호 행위이기도 하다. 이렇게 실패에 대해 외적 귀인을 적절히 사용하는 사람들은 심리적으로 건강하다. 물론 적절히 사용해야 한다. 너무 자주 사용하면 소위 뻔뻔한 사람이 된다. 그러나 적당히 뻔뻔하면 실패로 인해 좌절하더라도 우울한 상태에 오래 머무르지 않는다. 그들은 우울과 친하지 않다.

반면 실패의 원인을 대부분 자기 자신의 탓으로 돌리는 사람들은 우울증에 취약하다. '내적 귀인(internal attribution)'을 사용하는 경우인데 실패의 원인이 행위자 내부에 있는 것으로 보는 관점이다. 물론 실패로부터 배우기 위해서는 원인을 분석한 후 스스로에 대한 객관적인 평가와 개선이 필요하다. 그러나 이 역시도 지나치면 쉽게 우울해진다. 자기 책망과 자기 비난이 과하면 자신을 더 힘들게 하는 원인이 되고 우울증으로 이어질 수 있다. 조직 생활은 성공과 실패가 공존하는 마라톤이다. 속도가 처질 때마다 자신을 책망한다면 정작 달려야 하는 구간에서조차 힘을 제대로 발휘하기 어렵게 된다. 자신을 채찍질하며 분발을 요구하는 것도 지나치면 독이 될 수 있다.

세 번째, 부정적인 현실해석

우울을 부르는 잘못된 생각습관으로 부정적인 현실해석을 들 수 있다. 자신이 놓여 있는 환경, 주변 사람 등에 대해 호의적인 생각보다는 적대적이고 부정적인 생각을 하는 경향을 말한다. '나는 흙수저라 힘들어', '내가 놓인 환경은 누구보다 열악해', '회사 사람들이 전부 이기적이야', '나를 이해해줄 사람은 없어.' 등의 생각은 사람을 의욕적으로 변모시키기보다는 우울하고 무기력하게 만든다. 실제로 믿을 만한 사람, 나를 이해해 줄 사람, 내 말을 성의 있게 들어줄 사람이 없는 것이 아니라 그렇게 믿기 때문에 우리는 더 외롭고 우울해진다.

한강대교에 가면 SOS 생명의 전화가 놓여 있다. 극단적인 선택을 하기 전에 잠시 이야기를 들어줄 사람을 찾는 것만으로도 결정은 뒤바뀔 수 있기 때문이다. 직장생활도 현실을 어떻게 해석하는지에 따라서 상당히 달라질 수 있다. 어떠한가? 당신이 놓여 있는 근무환경이 누구보다 열악한가? 아니면 그런대로 견딜만한가?

이 외에도 우울을 부르는 다수의 부정적인 생각습관들이 있다.

그러나 대부분의 내용을 정리하여 공통적인 요소를 도출해보면 위의 세 가지로 볼 수 있다. 미래에 대해 습관적으로 절망하고, 지나치게 내 탓을 하며 자신이 처한 환경을 부정적으로 해석하는 경향은 낙천적인 사람도 우울하게 만드는 특효약이다. 직장생활에 희망이 없다고 믿는 습관, 일을 하다 보면 겪게 되는 사고나 잘못에 대해 자신을 과도하게 책망하는 사람, 주변에 믿을 만한 사람이 없고 누구보다 열악한 환경에서 일하고 있다고 믿는다면 우울을 끌어안고 사는 것과 같다.

성격을 바꿀 수 없다면 어떻게 해야 하나?

나를 인정하고 받아들이기

▼

▼

지금보다 좀 더 행복해지고 싶다면 지금 그대로의 당신을 인정하고 받아들이는 것에서 출발해야 한다. 하지만 이것은 생각보다 훨씬 어렵다. 왜냐하면 사람들은 대부분 현재보다 좀 더 나은 미래의 자기 모습을 기대하며 살아가기 때문이다. 미래의 괜찮은 내 모습을 그리며 열심히 살아가고 있는데 난데없이 지금의 나를 인정하라고? 나 자신과 타협하라고?

나는 성격이 예민하다. 작은 불편함에도 신경이 쓰이고 통증도 잘 느낀다. 일이 조금만 틀어져도 오래 생각하고 미래에 대해서도 자주 걱정한다. 나는 이런 내가 싫었고 이런 성격을 물려준 부모님도 살짝 원망스러웠다. 치열한 경쟁 공화국 대한민국에서 태어났기 때문이라는 생각도 해보았다. 그러나 남 탓은 부질없었다. 그래서 나는 나를 인정하기로 했다. 난 남들보다 예민한 성격이고 그래서 좀 불편하고 그런데 어쩌라고? 내가 선택한 것도 아니고 부모님이 의도하신 것도 아닌데 어쩌라고? 있는 그대로의 나를 받아들이고 인정하면서부터 나의 심리적 안정감은 훨씬 나아졌다.

여러분은 어떤가? 앞서 일터에서 행복하지 않은 절반의 원인이 개인의 성격 때문일 수 있음을 이해했다. 당신이 일터에서 행복하지 못한 이유가 남보다 예민해서, 친화성이 떨어져서, 공감 능력이 부족하거나 지나쳐서 혹은 우울을 부르는 잘못된 생각습관 때문일 수도 있다.

반대로 당신이 전반적으로 긍정적이고 즐거운 마음으로 직장생활을 하고 있다면 그것은 당신의 내면이 남보다 훌륭해서일 수도 있겠지만 운 좋게 타고난 외향성과 낙관성 때문일 수도 있음을 받아들이겠는가?

자기 성격의 장단점을 받아들이고 그것들이 서로 조화를 이룰 수 있도록 조절하는 것을 '성격통합(personality integrity)'이라고 한다. 예를 들어 상당히 예민한 성격이지만 한편으로는 성실하고 창의적인 능력을 갖추고 있다면 어느 한쪽의 특성만 편애할 것이 아니라 모두 내 것임을 받아들이는 것을 말한다. 한 개인 안에는 다양한 성격특성들이 서로 칵테일 되어 있기 때문에 어느 한 사람도 동일한 성격을 가지고 있지 않다. 모든 사람의 지문이 다른 것처럼 성격도 주요 특성을 통해 범주화시켜 구분할 뿐이지 세부적으로

는 모두 다르다. 내 안에 여러 가지 특성이 서로 혼합되어 있고 그
것은 곧 나의 성격이고 나의 일부인 것이다. 이것을 받아들이고 서
로 조화를 이룰 수 있도록 노력하는 것이 성격을 바꾸려는 노력보
다 현실적이며 유용하다.

　어느 중년 부부가 있다. 남편은 매우 성실한 사람이었지만 화를
잘 내는 편이었다. 회사에서도 업무 능력을 인정받는 관리자이지
만, 상대방이 나태해 보이거나 자신을 무시한다는 판단이 들면 절
대 그냥 넘어가지 않는 스타일이다. 곧바로 되받아 치거나 은근히
비난해서라도 상황을 매우 불편하게 만드는 재주가 있었다.

　하루는 아내와 고궁으로 나들이를 나섰다. 그날따라 사람이 얼
마나 많은지 짜증이 슬슬 올라오기 시작했다. 그런데 매표소 직원
의 태도가 마음에 안 들었다. 한 손으로 돈을 받고 거스름돈과 입
장권도 한 손으로만 건네주는 동작이 특히 거슬렸다. 결국, 매표소
직원이 남편에게 도움을 요청하는 과정에서 문제가 터지고 말았
다. 오후 6시 입장 제한을 알리는 팻말을 가리키며 건넨 말에 남편
이 폭발하고 만 것이다.

　"손님, 죄송하지만 바깥에 있는 그 팻말을 살짝 뒤집어 주시겠어
요? 손님이 마지막 입장객이십니다." 팻말이 남편 바로 옆에 있었
기 때문에 그냥 돌려놓기만 하면 되는 일이었다. 하지만 이 직원의
태도가 계속 마음에 안 들었던 남편은 대뜸 몇 마디를 지르고 만

다. "이봐요, 당신은 손이 없어요? 사람이 성실하지 못하게 손님을 시켜먹고 말이야? 그리고 한 손으로 일을 다 하던데 당신 왜 그렇게 건방져?"

그러자 아내가 다급한 목소리로 남편의 허리춤을 잡아채며 말했다. "당신 미쳤어요! 저분 장애인이잖아요. 한쪽 팔 불편한 거 못 봤어요?" 남편은 얼굴이 홍당무가 되어 황급히 고궁으로 뛰어 들어갔다. 아내는 "당신은 그 성격이 문제예요. 왜 남을 비난하고 툭하면 화를 내요? 앞뒤 알아보지도 않고 왜 급하게 그렇게 성질부터 부리냐고요?" 하며 타박했지만 오히려 남편은 "내가 뭘? 내가 뭘 잘못했는데? 내가 알고 그랬어? 그 사람이 건방지게 일을 한다고 생각했으니까 그랬지. 어쩌다 실수한 거야. 내 판단이 대부분 옳아! 난 잘못한 것 없다고!"

이렇게 아내를 향해 다시금 퍼부었다. 당신 자신은 잘못한 것이 없고 어쩌다 상황이 안 좋아서 실수한 것일 뿐이라고 했다. 자기 자신의 급하고 공격적인 성격을 인정하지 않았다. 이 부부는 살면서 앞으로 어떤 일들을 겪게 될까? 아니 이 남편 되시는 분은 앞으로 얼마나 많은 우여곡절을 겪게 될까? 남편이 자신은 화를 잘 내고 남이 자기를 비난한다고 판단되면 쉽게 뚜껑이 열린다는 사실을 인정하면 얼마나 좋을까? 여기에 성실함이라는 성격의 장점을 통합해서 삶에 활용한다면 본인뿐 아니라 아내 그리고 대인관계는 더욱 긍정적으로 전개될 것이다.

모든 심리치료의 기본은 있는 그대로의 나를 인정하고 그런 나를 수용하는 것이다. 내가 싫고 내 모습이 창피하고 이건 나의 진정한 모습이 아니라고 생각한다면 결코 행복할 수 없다. 있는 그대로의 나를 수용하는 자기수용(self-acceptance)에는 용기가 필요하다. 사람들은 저마다 되고자 하는 이상적인 자기 모습이 있고 그 모습과 다른 현실의 내가 있다. 이 차이가 실제로 크든 작든 그 차이를 어떤 방식으로 채우는지를 살펴보면 그 사람의 심리상태를 알 수 있다.

만약 건강하지 않은 방법으로 현실과 이상 사이의 내 모습을 채우면 어떤 일이 벌어질까? 독립적이며 자율적으로 일하는 것을 선호하는 자존심 강한 A 씨. 그런데 현실은 자기보다 훨씬 못하다고 생각되는 상사 B 대리와 4년째 일하고 있다. B 대리의 지시를 받아야 하고 수시로 업무보고도 해야 하는 상황이 영 마음에 들지 않는다. 내가 생각한 직장생활은 이게 아닌데 나는 결국 나보다 못한 B 대리의 졸병에 불과하단 말인가? A 씨는 현실의 나를 받아들이기 싫었다. 자존심이 허락하지 않았다. B 대리를 누르고 더 빨리 승진해서 간섭받지 않으며 일하고 싶다. 이제 B 대리와는 겉으로만 친할 뿐 속으로는 이미 적이다. 아니 오래전부터 적이었다. 행복은 아직 나와 상관없다. 내가 B 대리보다 빠르게 승진하는 날이 곧 행복이 내게 찾아오는 날이다. 나는 그때까지 이를 악물고 참고 일하련다. A 씨는 이렇게 전쟁을 치르듯 하루하루 직장생활을 해나간다.

A 씨가 현실의 나를 받아들이는 것은 굴욕이 아니다. '지금은 B 대리와 호흡을 맞추며 일하는 시기이고 그것이 현재 내 모습이다'라고 생각한다면 일상의 스트레스는 훨씬 덜할 것이다. 그러나 현실의 나를 수용하지 않고 전략을 수정하였기 때문에 행복에서 더욱 멀어졌다. 건강하지 않은 방법으로 현실과 이상 사이의 간격을 메우면 그 간격은 더 벌어진다.

나를 받아들이는 데는 용기가 필요하다. 창피할 것도 없다. 누가 쳐다보고 있는 것도 아니기 때문에 남을 의식할 필요도 없다. 내가 나를 받아들이는 것인 만큼 아무 때나 시기와 장소에 상관없이 하면 된다. 이상적인 내 모습에 집착하지 말고 현실의 내가 있어야 이상적인 내 모습을 향해 갈 수 있다는 건강한 생각으로 갈아타자. 인정하지 않고 회피하면 결국 나 자신과 계속 전쟁을 치르며 살아야 한다. 전쟁이 벌어지는 곳에 행복이 자리 잡을 틈이 있기는 할까?

당신의 성격이 당신을 행복하게 놔두지 않거나 행복에 다가서지 못하게 한다면 그 성격을 탓하지 말고 있는 그대로 인정하자. 그 누구의 잘못도 아닌 타고난 것인 데다 살아가면서 겪은 다양한 경험을 통해 점점 더 견고해진 성격일 뿐이다. 쿨하게 인정하자.

성격의 강점을 행복으로 연결시키기

▼

▼

20세기 전까지만 해도 심리학자들은 인간의 심리적 장애를 치료하는 일에 종사하는 것을 주요 사명으로 여겼다. 다양한 심리질환을 치료함으로써 환자가 일상으로 복귀하여 건강한 삶을 이어갈 수 있도록 돕는 것이 가장 큰 의무였다. 이로 인해 각 개인이 보유한 성격의 강점보다는 결점과 장애에 집중할 수밖에 없었다. 심리치료를 위해서는 개인의 심리적 장애를 제거하거나 축소하는 것이 무엇보다 시급하고 중요한 사안이었기 때문이다. 하지만 결점과 장애가 사라진다고 해서 강점이 자연 발생적으로 생성되거나 강화되지는 않았다. 이후로 많은 심리학자가 인간의 긍정적 성품에 대한 연구를 시작했다.

그중에서도 피터슨(Peterson)과 셀리그만(Seligman)은 인간의 긍정적 특질을 매우 체계적이면서도 과학적으로 연구하여 '성격적 강점과 덕성(Character Strength and Virtues)'의 분류작업을 완성했다. 이것을 VIA(Virtues in Action) 분류체계라고 부른다. 용어야 어찌되었건 성격의 결점에 집중하는 것이 아닌 긍정적 요소 즉 성격의 강점에 초점을 둔 최초의 분류체계가 마련된 것이다.

이 분류체계에서는 인간의 성격강점을 24개로 구분했는데 그 면면을 살펴보면 이렇다. 창의성, 호기심, 개방성, 학구열, 지혜, 사랑, 친절성, 사회지능, 용감성, 끈기, 진실성, 활력, 용서, 겸손, 신중성, 자기조절, 시민 정신, 공정성, 리더십, 감성력, 감사, 낙관성, 유머 감각, 영성이다. 누구나 자세히 살펴보면 한두 개 아니 그보다 많은 자신의 강점을 스스로 발견할 수 있을 것이다. 만일 24개 중에 20개는 보통수준이거나 그 이하라 하더라도 나머지 4개가 자신의 강점이라면 4개에 집중하는 편이 행복에 훨씬 유리하다. 자신에게 이미 갖춰져 있거나 잠재된 능력을 발견하여 강화시키는 것은 현실적으로 충분히 가능한 일인 동시에 매우 현명한 행동이다.

어떤 성격이든 강점(strong point)은 반드시 존재한다. 살아가는 동안 단점이 두드러지고 거슬리겠지만, 강점 또한 한자리를 차지하고 있게 마련이다. 다만 그것을 발견하지 못하거나 과소평가할 뿐이다. 내가 보유한 성격의 강점이 무엇인지 잘 생각해보자. 내 성격의 어두운 면이 아닌 강점을 맨 앞으로 가져오자. 그 강점은 평생 투자하고 키워가야 할 중요한 심리적 자산이므로 망각하거나 평가절하해서는 안 된다.

예민한 사람들을 살펴보자. 신경성 지수가 높은 이런 사람들은 인생을 계속 걱정하고 불안해하며 신경질만 내고 살아야 할까? 오로지 그런 문제점 밖에는 없을까? 그렇지 않다. 그들의 대부분은 꼼꼼한 일 처리, 위험보다는 안전을 추구하는 성향, 문제가 발생하기 전에 미리 대비하는 특성이 있다. 위의 성격 분류체계(VIA)로 보면 '신중성'이라는 강점을 가지고 있는 것이다. 당신이 수술을 받아야 하는 상황이라면 이런 성격을 가진 의사에게 가보라고 권하고 싶다. 예민한 의사가 덤벙대는 의사보다 백배 낫다.

'나는 왜 이렇게 예민할까?'라고 자책하거나 일부러 과감하게 행동하는 것은 몸에 맞지도 않고 위험하다. 예민함이라는 단점에 가려져 있는 신중성이라는 강점을 살려야 한다. 예민하지만 신중한 사람은 실수가 적고 준비성이 철저하다. 그들은 직장생활이나 일상 모두 신중하게 행동할 때 마음도 편하고 일도 잘 풀린다고 믿는다. 성격의 단점이 아니라 강점을 살리면 얼마든지 행복과 연결될 수 있다. 강점을 발견하고 성장시키는 편이 성격을 바꾸려는 무모한 노력보다 훨씬 유용하다.

여러분이 일터에서 행복하지 않거나 그것이 일정 부분 성격 때문이라고 판단되더라도 '내 성격은 도대체 왜 이런 거야?'라고 자신을 비난하지 않았으면 한다. 그 성격 안에 자리하고 있는 자신의 강점을 발견하고 주목하는 것이 중요하다. 생각보다 이 작업이 어렵다면 주변 사람들의 도움을 받아보라. 당신이 자각하지 못하거나 스스로 단점이라고 결론 내려버렸을 수도 있는 고유의 강점을 주변 사람들이 더 잘 알고 있는 경우도 많다.

개그맨이자 명 MC인 신동엽은 나와 고등학교 동창이다. 2학년 때 같은 반이었는데 공부하는 학생으로서는 완전 낙제였다. 성적은 내려놓은 지 한참 됐고, 등수는 뒤에서부터 세는 것이 훨씬 빨랐다. 어른들이 봤으면 아마 "저 녀석 커서 뭐가 되려고 저렇게 뺀 질거리냐"고 했을 것이다. 그러나 남들보다 훨씬 잘하는 것이 있었 다. 당시 서클활동으로 방송반에 소속되어 있었는데 실제로 공부 보다 서클활동을 더 열심히 했다. 종종 교내방송과 학교 축제 때면 이 친구가 풀어내는 익살과 유쾌한 목소리는 친구들의 귀를 솔깃 하게 만들기에 충분했다.

그는 남들보다 탁월한 '유머 감각'이라는 강점을 보유하고 있었 다. 주변 사람들의 칭찬과 인정도 한 몫 했을 것이고, 무엇보다 스 스로 자신의 강점을 발견하고 동기부여 됐을 것이다. 만일 이 친구 가 성적을 비관하거나 자신의 유머감각을 무시했다면 지금 우리 에게 큰 웃음을 주는 신동엽은 없었을 것이다.

성격은 좋고 나쁨을 구별하기보다는 강점을 발견하는 것이 더 유용하다. 당신이 가지고 있는 성격의 어두운 면에 마음을 빼앗기 지 말고 밝은 부분을 들여다보면 행복도 함께 보일 것이다.

행동을 선택해서 행복을 향해 걷기

▼

▼

행복은 행동하는 사람의 몫이다. 가만히 있기보다는 행동하기로 결정함으로써 우리는 좀 더 즐겁고 행복하게 생활할 수 있다. 행복과 불행은 모두 마음이 결정하는 듯 보이지만 마음은 행동의 영향을 많이 받는다. 가슴이 답답하고 울적할 때 산책을 하는 것만으로도 어느 정도 기분전환이 되는 이유도 이 때문이다. 귀찮아서 미루던 집안 정리도 막상 해놓고 나면 속이 시원한 것도 모두 마음이 행동의 영향을 받는다는 증거이다.

독사 같은 부장님이 두려워 보고서 제출을 차일피일 미루면 어떻게 될까? 시간이 지날수록 불안과 근심이 늘어날 것이다. 행동을 선택해야 한다. 버티다가 깨지나 먼저 찾아가서 깨지나 매 한가지가 아니다. 먼저 찾아가서 깨지는 편이 독사 같은 부장님과 생활하는데 훨씬 현명한 기술이다.

직장생활을 하며 10킬로그램 정도를 감량한 적이 있다. 당시 업무 스트레스로 인해 야식을 습관처럼 했었는데 덕분에 뱃살이 상당했다. 체중이 늘다 보니 만사가 귀찮아 움직이기가 싫어졌고 짜증과 우울감은 나날이 늘어만 갔다. 결정적으로 여섯 살 된 딸아이를 들다가 허리를 삐끗했는데 병원에서는 과체중이 원인이라며 체중관리에 신경 쓸 것을 권했다. 그날로 나는 점심시간이면 회사 근처 산책로를 45분 정도 걷고 점심은 열량을 줄인 간편식으로 해결했다. 그렇게 석 달이 지나자 평소 입던 바지가 헐렁할 정도로 몸이 가벼워졌다. 그리고 더 놀라웠던 것은 우울감이 상당했던 내 마음에 자신감과 활력이 새롭게 찾아왔다는 것이다. 행동이 나의 마음을 긍정적으로 변화시킨 것이다. 게다가 나의 결심과 노력에 칭찬을 아끼지 않던 동료들 덕분에 나는 더욱 활기 넘치는 직장 생활을 하게 되었다. 행동을 선택함으로써 나의 마음이 우울감에서 행복으로 바뀌었다.

술이 유독 약한 신입사원 철호 씨는 선배들과의 회식 자리가 늘 부담스러웠다. 입사 초기에는 상사가 주는 술잔을 다 받아 마시다 출근을 못 한 날도 있었다. 영업직으로 일하다 보니 원치 않는 회식이 다반사였고, 민주적이지 못한 회식 문화도 너무 싫었다. 이런 식으로 계속 직장생활을 하다간 건강을 망칠 것 같다는 생각이 들어 불안했다. 무엇보다 선배가 주는 술잔을 입사한 지 일 년이 넘도록 요령껏 거절하지 못하는 자기 자신에 대한 원망이 컸다.

사실 철호 씨는 매사에 할 말을 적절히 하지 못하는 편이었다. 시간이 지날 수록 자신감은 점점 바닥을 보이기 시작했다. 회사의 문화가 본인과 너무 안 맞는다고 생각한 철호 씨는 과감하게 이직을 했다. 이번에는 영업직이 아닌 영업관리직으로 새롭게 둥지를 틀었다. 그런데 이곳은 야근을 밥 먹듯이 했다. 일이 많을 때는 충분히 이해했지만 특별히 일이 많지 않은 때에도 늦게 남아 있는 것이 당연시 되는 문화였다. 철호 씨는 퇴근하겠다는 말을 할 자신이 없었다. 이제 막 들어온 신입사원이라 눈치가 많이 보였기 때문이다. 그렇게 반 년이라는 시간이 흘러 조직에 적응도 됐으련만 철호 씨는 여전히 퇴근하겠다는 말을 하는 것도 회사 문화에 적응하는 것도 모두 힘겨웠다. '다른 곳을 알아볼까?', '회사를 괜히 옮겼나?' 철호 씨는 오늘도 일터에서 행복하지 못하다.

철호 씨는 아무래도 낮은 외향성(높은 내향성)과 타인을 지나치게 배려하는 높은 친화성을 가진 듯하다. 게다가 자신감이 부족해서 할 말을 제대로 하지 못하는 특성도 한몫한다. 이런 성격의 사람들은 타인에게 할 말을 적절히 하며 살아가는 데 어려움을 느낀다. 자기 의견을 제때에 피력하고 부탁을 정중히 거절하는 것을 끔찍이 두려워한다. 행동을 주저하다 보면 결과적으로 상황은 개선되지 않는다. 신입사원이 괜히 자기 목소리를 냈다가 불이익을 당하면 어쩌나 하는 걱정이 앞설 수 있다.

하지만 생각을 좀 달리해보면 가만히 앉아서 끊임없이 불이익을 당하나 적당히 할 말 하면서 불이익을 당하나 비슷하지 않을까? 오히려 후자가 철호 씨의 삶에서 겪게 될 수많은 곤란한 상황에 대처하는 힘을 장기적으로 키워주지 않을까?

심리치료 중에 자기주장 훈련이라는 것이 있다. 이 부분은 뒤에서 좀 더 다룰 예정이지만 잠시 소개하면 이렇다. 철호 씨처럼 거절하지 못하거나 자기감정을 제대로 표현하지 못하는 사람을 위해 마음속으로 끙끙 앓지 말고 행동하도록 연습시킨다. 거절은 하고 나면 미안하지만, 한편으로는 거절하기를 잘했다는 생각이 드는 경우가 많다. 행동하면 편해진다. 그러나 행동하지 않으면 그 일로 인해 끌려다니고 장기적으로 지치게 된다.

가만히 앉아서 상황이 개선되기를 희망하는 것은 슬프고 우울하다. 한번에 모든 것을 바꾸려고 하지 말고 종이에 물이 스며들듯 멀리 보고 아주 조금씩 행동을 시도하자. 행복은 행동하는 사람의 몫이다.

자존감이라는 양날의 칼 다루기

▼

▼

자존감(self-esteem)과 행복은 대단히 밀접한 관련이 있다. 자존감은 스스로에 대한 전반적인 긍정적 평가나 우호적인 태도를 의미한다. 자존감이 낮은 사람들은 자기 자신에 대해 부정적인 평가를 내리고 자기 자신이 별로 마음에 들지 않는다는 생각을 자주 한다. 반면 자존감이 높은 사람들은 스스로에 대해 긍정적인 평가를 더 많이 하며 결함이 있다 하더라도 자기 자신을 소중히 여기고 사랑한다. 자존감이 행복과 불가분의 관계에 놓일 수밖에 없는 이유는 바로 이런 자기 사랑 기능 때문이다.

언제부터인가 자존감(self-esteem)이라는 용어가 유행이다. 사람들은 자존감이 높아야 인생의 많은 문제를 해결하고 스스로 역경을 이겨낼 수 있다는 것을 잘 알고 있다. 아이를 키우는 엄마들은 자존감이라는 용어를 더 자주 사용하는 것 같다. 그래서 아이의 자존감을 높이는 양육방식이나 프로그램에 관심과 노력을 기울이는 듯하다. 그런데 자존감을 이해하기 위해서는 반드시 알아두어야 할 중요한 측면이 있다. 자존감이 높은 것이 반드시 좋은 것은 아니며, 지나치게 높은 자존감은 오히려 삶의 많은 장면에서 문제를 일으킨다는 것이다. 너무 높은 자존감은 현실감각을 떨어지게 할 수 있고 자기 중심성을 강화할 수 있다. 쉽게 말해서 세상물정을 모르고 뻔뻔스러워진다는 말이다.

멀쩡한 청춘이 수년째 무 취업 상태에 머물러 있으면서 '나는 괜찮아', '나는 나를 사랑해'라는 생각을 반복하기만 한다면? 현실은 괜찮지 않은데 혼자만 괜찮다고 한다면 다분히 현실감각이 부족한 것이다. 자신의 실수로 회사에 손해를 입히거나 주변 사람들에게 피해를 줬다면? 괜찮다고 스스로를 위로하는 것도 필요하겠지만 실수를 반복하지 않기 위한 반성과 노력이 더 유용할 것이다. 자존감이 적절할 때는 인생의 큰 재산이 되지만 지나치게 높으면 삶의 장애물이 될 수 있다. 그러므로 자존감이 높을수록 좋다거나 매우 높은 자존감이 더 큰 가치를 가질 것이라는 생각은 위험하다.

자존감은 양날의 칼이다. 지나치게 높은 자존감의 이면에는 위험이 도사리고 있다. 과도한 자존감은 종종 뻔뻔스럽게 나만의 행복을 추구하면서 타인의 행복은 배려하지 않는 건강하지 못한 모습을 보인다.

반면 낮은 자존감은 다양한 심리 질환의 원인이 된다. 특히 주관적 안녕감(행복감)을 훼손하는 주요 요인이다. 우스갯소리로 심리 상담을 할 때 내담자의 문제가 낮은 자존감 때문이라고만 해도 절반은 먹고 들어간다는 말이 있다. 그만큼 자존감이 낮을 때 사람들은 다양한 삶의 문제에 상처받고 치유되지 못하며 병들어 간다. 자존감이 낮은 사람이 일터에서 행복하지 않은 것 또한 충분히 예상할 수 있는 일이다. 그들은 상사의 훈계, 고객의 불만, 동료와의 갈등에 쉽게 상처받고, 회복되는 데에도 상당한 시간이 걸린다.

자존감이 낮은 사람들은 자신감이 결여되어 있고 자주 열등감을 느끼며 쉽게 자기 원망을 한다. 이런 경우라면 자존감을 끌어올려야 한다. 스스로에 대한 평가를 긍정적으로 전환해서 세상과 타인에게 당당해지고 조금은 뻔뻔해질 필요가 있다. 여기 자존감을 높임으로써 좀 더 행복해지는 세 가지 유용한 방법을 소개해볼까 한다. 이 방법들을 적절히 활용한다면 일터에서 자존감이 추락할 때마다 당신을 온전히 지켜줄 수 있다.

첫째, 내 탓과 남 탓을 공정하게 하라

과도한 내 탓 즉, '자기 책망'은 자존감이 낮은 사람들의 대표적인 인지 패턴이다. 부정적인 결과나 상황에 대해 지나치게 내 탓을 하면 건강한 자존감을 지닌 사람이라 하더라도 견디기 힘들어진다. 그런데 내 탓이 습관이 되어 버리면 자존감은 지속적으로 낮은 상태를 유지할 수밖에 없다. 자존감이 낮으면 쉽게 좌절하고 활력이 떨어진다. 긍정적으로 업무를 수행하기 힘들뿐만 아니라 매사에 의욕이 떨어진다. 그러므로 직장생활을 하면서 자신의 업무와 관련되어 일어나는 여러 가지 상황과 부정적인 결과에 대해 내 탓을 많이 하는 것은 자존감을 떨어뜨리는 원인이 된다. 이럴 때는 적당히 남 탓도 할 줄 알아야 한다. 모든 문제가 전적으로 어느 한 사람 때문에 발생하는 것이 아닌 만큼, 원인을 나열하고 그중에 나도 한 명이고 당신도 한 명이라고 생각해야 한다. 사실 이 정도 생각만 할 수 있어도 매우 성숙하고 현명한 대처가 가능해진다.

우리는 누구나 실수를 한다. 특히 직장생활을 하면서 아무리 피하려고 해도 실수는 필연적으로 발생한다. 경험상 실수를 저질렀을 때 자기반성을 하는 사람들은 더 발전하고 일 마무리가 꼼꼼해진다. 실수를 통해서 배우는 것이다. 내 탓은 분명 도움이 된다. 그런데 균형감이 있어야 한다. 매사에 내 탓을 한다면? 내가 못났기 때문에 이런 일이 발생했다고 비난의 화살을 무턱대고 자신에게 돌리는 것은 현명하지 못한 처사다. 부정적인 결과나 경험을 했다면 그 원인에 대해 다각도로 살펴보는 것이 필요하다. 그리고 그 중에 나의 잘못이 어느 정도이고 타인이나 상황의 탓은 얼마 정도 인지를 분류하라. 그런 후에 내가 제대로 해내지 못한 부분에 대해 점검하고 반성한다면 겸손한 사람, 건강한 자존감을 유지하는 사 람이 될 수 있다.

둘째, 적절히 자기주장을 하라

회계 팀의 박 대리는 친절하고 온순한 성격을 가진 30대 후반의 여성이다. 업무 특성상 작은 실수가 회사 신용도에 영향을 미칠 수 있기 때문에 세세한 일도 빠짐없이 잘 챙기는 꼼꼼한 성격이다. 그 런데 박 대리는 회사에서 표정이 늘 심각하고 의기소침한 편이다. 최근에는 거래처에 대금 지급이 지연되는 상황이 벌어졌는데, 실 제로는 박 대리의 잘못이 아니라 동료 최 대리가 날짜를 잘못 기 입하는 바람에 벌어진 일이었다. 입금될 날짜가 지나자 거래처에 서 전화가 왔고, 이 일로 담당 부서장이 두 사람을 호출했다.

부서장은 누구의 실수가 있었는지 물었다. 그런데 최 대리는 매 우 당당했다. 자기 실수도 있지만, 박 대리가 제대로 점검하지 못 한 것이 잘못이라며 공동책임을 주장했다. 틀린 말은 아니지만, 최 대리의 태도에 박 대리는 어이가 없었다. 그런데 꿀 먹은 벙어리처 럼 말을 하지 못했다. '그게 왜 내 잘못이니? 대리까지 달았으면서 너는 날짜 하나도 제대로 못써? 네가 실수한 걸 왜 내가 일일이 점검해야 하니?' 마음속으로는 이렇게 말했지만, 입 밖으로는 한 마디도 나오지 않았다. 다시 자리로 돌아온 박 대리는 슬프고 화가 났지만 그냥 참기로 했다. 온종일 마음이 울적했다. 상사 앞에서 제대로 말하지 못한 자신을 바보라며 책망했고, 최 대리 같은 동기를 만나서 참 운이 없다며 한숨을 쉬었다.

박 대리는 어떻게 해야 했을까? 당연히 최 대리의 업무 실수임을 당당하게 말하는 편이 좋았을 것이다. 자기주장을 해야 한다. 내가 나를 변호하지 않으면 대신 나를 변호해줄 사람은 없다. "내 말 좀 들어 보소!" 해야 남들도 내 말에 귀를 기울인다. 적절한 자기주장은 자존감을 지키고 건강한 성격을 유지하는 데 무엇보다 중요하다.

당당하게 자기 생각과 의견을 남에게 말하기란 쉽지 않다. 성격적으로 타고난 사람이 아니고서는 훈련과 노력이 요구된다. 직장생활은 기본적으로 경쟁적인 속성이다. 친목을 위해 출근하는 것이 아니다. 할 말을 다 하고 살 수도 없고 그렇게 해서도 안 되지만, 적당한 수준의 자기주장은 필요하다.

반복적인 연습은 두려움을 줄여주고 용기를 북돋는다. 야구연습장에 가본 적이 있는가? 타자를 향해 날아오는 공에 처음에는 조금 당황하지만, 시간이 지나면 자신 있게 배트를 휘두를 수 있게 된다. 연습은 용기를 가져다준다. 자기주장도 마찬가지이다. 전문가에게 훈련을 받는 것이 좋겠지만, 우선 상대방이 앞에 있다고 가정하고 연기를 하듯 연습하는 것부터 시작하면 된다. 권투에 섀도 복싱(shadow boxing)이라는 것이 있다. 상대방이 내 앞에 없지만 있다고 가정하고 기술을 연마하는 것을 말한다. 유치한 것 같지만 이런 방법은 심리치료에서도 자주 사용된다. 앞서 말한 자기주장 훈련이 그런 것이다.

자존감을 유지하며 일터에서 행복해지고 싶다면 가끔은 자기주장을 하라. 타인과 상황을 탓하지 말고 연습을 통해 용기를 차츰 키우면 일터에서 좀 더 당당해질 것이다.

셋째, 감추지 말고 드러내라

자존감이 낮은 사람들은 자신의 취약점이 드러나는 것을 극도로 싫어한다. 행여 누가 자신의 약점을 건드리거나 상처를 주면 격하게 분노하거나 몹시 괴로워한다. 반대로 자신의 낮은 자존감을 감추기 위해 자존감이 높은 것처럼 포장해서 행동하기도 한다. 이런 일련의 행동들은 낮은 자존감으로 인해 쉽게 상처받는 자신을 보호하기 위한 나름의 방어 전략이다. 그러나 이런 전략은 잠시 상황을 모면하거나 위안을 줄 수 있을지는 몰라도 장기적으로는 자존감을 더욱 추락시키는 원인이 된다. 쉽지 않은 일이지만 자존감을 건강한 수준으로 유지하기 위해서는 자신의 취약점을 드러낼 수 있어야 한다. 물론 이것도 훈련이 필요하다. 처음부터 취약점을 다 드러낼 수는 없다. 그것은 오히려 충격과 또 다른 상처가 될 수 있다. 야금야금 드러내는 것이 중요하다.

　보고서에 유난히 오탈자가 많은 김 대리는 아무리 꼼꼼하게 문서를 들여다봐도 철자가 틀리는 일이 잦다. 처음에는 상사들도 그러려니 했지만, 시간이 지나자 자주 질책을 받게 됐다. 평소 밝고 명랑한 김 대리도 상사에게 보고서를 제출할 때면 심하게 위축되고 매우 예민해졌다.

　이날도 어김없이 오탈자에 대한 지적을 받은 김 대리는 속으로 자신이 정말 멍청하고 무능하다는 생각을 지울 수가 없었다. 모든 것이 부주의하고 무능한 자기 자신 때문이라고 믿었기에 누구에게 하소연하기도 창피했다. 종종 동기들이 왜 그런지를 묻거나 오탈자를 줄이는 법에 대해 조언을 하려고 치면 잘난 척하지 말라며 언성을 높이기도 했다.

　김 대리는 답답한 마음에 심리상담사로 일하고 있는 대학 선배에게 전화를 했다. 시간을 내서 저녁에 잠시 만나기로 했다. 그 자리에서 김 대리는 상황을 자세히 설명하고 고민을 털어놨다. 선배는 한동안 가만히 듣기만 하더니 헤어질 무렵이 되어서야 도움이 될 만한 한 마디를 건넸다. "감추지 말고 드러내. 그래야 도움을 받을 수 있어. 인정하면 편해지고, 편해지면 다른 사람들 말이 귀에 들어오기 시작할 거야."

　돌아오는 길에 김 대리는 자신이 상처를 감추는 데 급급해서 동기들과 충돌하고 문제점도 여전히 개선되지 못하고 있다는 것을 깨달았다. 그래서 다음 날 동기들에게 말했다. "박 대리, 이 대리 나 좀 도와주라. 나 오탈자 많은 거 너희들도 잘 알잖아. 노하우나 요령 좀 알려주면 잘 배워서 활용해 볼게." 이 대리와 박 대리는 눈이 휘둥그레졌다. 그런데 김 대리가 그렇게 밉지 않았다. 성심껏 동기를 돕고 싶어졌다.

자존감을 높이고 싶은가? 일터에서 쉽게 상처 받는가? 그렇다면 자신의 약점을 감추지 말고 드러내기 바란다. 한번에 하기 힘들다면 천천히 해도 문제없다. 감추면 약해지지만 드러내면 무뎌지고 강해진다.

CHAPTER 02

당신의 일터

당신의 일터는 긍정입니까?

긍정적인 리더와 부정적인 리더

활력 있는 직원과 염세적인 직원

사람 때문에 떠나고 사람 때문에 다니고

자율성 그리고 일터의 행복

능력과 작업수준의 균형 여부

근로조건이 행불행을 결정?

당신의 일터는
긍정입니까?

일터에서 행복감을 느끼는 직원과 불행감을 느끼는 직원 중 어느 쪽의 업무수행 능력이 뛰어날까? 답이 뻔해 보일 것 같은 이런 의문에도 여지없이 과학적 탐구는 진행되었다. [4]배리 스토 등은 272명의 직장인을 대상으로 18개월의 종단적 연구를 통해서 긍정 정서와 업무성과를 평가했다. 그 결과 긍정 정서가 업무성과의 향상을 가져옴은 물론 상급자와 동료의 향상된 사회적 지지 또한 가져온다는 사실을 밝혀냈다. 이 연구결과는 행복감이 개인을 업무성과와 인간관계에서 더 향상되고 효과적인 직장인으로 변화시킴을 말해준다.

---

4 『긍정심리학』 P535 '조직구성원의 긍정정서' 참조. (권석만 저. 2015. 학지사)

행복한 일터의 조건

일터의 행복이라는 퍼즐이 제 모양을 갖추기 위해서는 개인의 성격도 중요하지만, 일터라는 중요한 조각이 더해져야 한다. 직원이 행복할 때 일터도 더 잘 굴러간다는 원리와 일터가 잘 굴러가야 직원이 행복해진다는 원리는 같은 듯 완전히 다르다.

직원의 행복이 향상될 때 성과가 창출되고 결과적으로 조직에 기여할 수 있다는 의미 있는 순환구조를 이해하는 조직은 직원의 행복을 고려하는 방향으로 경영전략을 구사할 것이다. 행복을 경영전략으로 활용하는 조직은 지혜롭고 긍정적인 조직이다.

그러나 여전히 많은 기업은 전통적인 순환구조를 지지한다. 통제와 내부경쟁을 통해 생산성을 개선하고, 그 결과로 매출과 성과가 향상되면 직원의 행복감이 저절로 올라갈 것이라는 믿음이 그것이다. 통제와 내부경쟁은 경영전략으로써의 가치를 넘어 하나의 믿음으로 자리 잡은 지 오래다. 게다가 잘 나가던 기업이 몰락하는 사례는 사람들의 믿음을 더욱 공고히 해주었다.

통제와 내부경쟁은 분명 중요하다. 그러나 그것이 전략의 대부분이라면? 직원들이 체감하는 조직의 전략이 통제와 내부경쟁 외에는 별다른 것이 없다면? 직원들은 하루 대부분을 불안, 불신, 박탈감, 무력감, 과로 등의 부정적인 정서와 환경에 방치된 채 생활해야 할 것이다. 그들은 행복감을 느끼며 일하기 어려울 것이고, 결과적으로 조직이 기대하는 성과향상 또한 멀어지게 된다. 그러므로 개인의 성격만으로는 일터의 행복을 온전히 설명할 수는 없다. 반드시 일터를 살펴보아야 한다. 조직이 긍정적인지 혹은 부정적인지에 따라서 개인의 행불행 또한 변화무쌍해질 수 있기 때문이다. 조직이 긍정적일 때 개인의 행복감은 더욱 증진될 수 있으며 일의 성과 또한 향상될 수 있다.

그렇다면 긍정적인 일터는 어떤 요소를 갖추고 있을까?

첫째, 일에 대한 자부심의 제공

폐지를 줍더라도 그 일이 경영 참여의 일환이라고 생각하며 일할 수 있도록 자부심을 불어 넣어 주는 조직이 있다. 반면 당신은 그저 넝마주이이고, 누구든 당신의 자리를 대신할 사람은 넘쳐난다는 메시지를 던지는 조직도 있다. 어떤 일을 하든 그 일에는 나름의 가치가 있다. 그러나 그런 가치는 일을 수행하는 과정에서 발생하는 다양한 스트레스로 인해 종종 평가절하되기도 한다. '역시 나는 폐지 줍는 회사에 다니는 평범한 직원일 뿐이야'라며 스스로 평가절하하기도 하고, 예상치 못한 일로 인해 자부심이 손상받을 수도 있다.

반면 긍정적인 조직은 흔들림 없이 일에 대한 자부심을 지속적으로 직원들에게 제공한다. 당신이 하는 일이 얼마나 소중하며 당신의 노력으로 회사가 굴러가고 있음을 알려주는 기업은 긍정적이다. 우리가 이런 조직의 직원으로 일하게 된다면 행운일 것이고, 이미 일하고 있다면 다른 직장을 기웃거리지 않아야 한다.

둘째, 긍정적인 리더

무리를 이끌어 가는 지도자의 능력을 리더십이라고 한다. 부하를 대하는 방식, 무리를 이끄는 통치 스타일은 리더십의 가장 핵심적인 부분이다. 그리고 리더십 스타일은 리더의 긍정성과 부정성에 따라 크게 달라진다.

경기침체로 회사에 장기적인 어려움이 예상되는 상황을 가정해 보자. 공통적으로 리더는 당면한 문제를 신속히 해결해야 할 것이다. 조직의 누수를 파악하고 원가절감과 사업조정 등 위기에 대응할 수 있는 비상경영 체제를 가동할 것이다. 그러나 이 과정에서 긍정적인 리더와 부정적인 리더의 전개방식은 크게 다르다. 긍정적인 리더는 모두가 짊어지고 있는 무거운 짐 위에 더 무거운 짐을 올려놓는 방법을 선택하지 않는다. 그들은 어려움 속에서도 낙관을, 불행 속에서도 행복을, 상실감 속에서도 자신감을 볼 수 있도록 용기를 나눠주며 조직을 이끌려고 할 것이다. 물론 그 과정에서 누군가에게는 아픔이 될 수밖에 없는 채찍을 휘둘러야 할 때도 있을 것이다. 그러나 긍정적인 리더는 채찍이 전략의 전부인 부정적인 리더의 방식을 취하지는 않는다. 긍정적인 리더는 조직의 누수만 보지 않고 조직의 강점도 살펴보며 접근한다. 기둥의 썩은 부분을 계속 도려내면 기둥이 점점 가늘어져서 건물이 무너진다는 것을 누구보다도 잘 알고 있기 때문이다.

셋째, 활력 있는 직원

로버츠 켈리(Robert Kelly) 교수는 그의 연구를 통해 조직성과에 있어서 리더의 역할은 20%이며 나머지 80%는 팔로워의 기여라고 주장했다. 직원의 역할이 그만큼 중요하다는 의미이다. 긍정적인 일터도 동일하다. 긍정적인 직원이 많아야 일터도 긍정적으로 변모한다. 이런 이유로 긍정적인 일터는 직원의 긍정성에 많은 무게를 둘 수밖에 없다. 부정적이며 활력이 없는 구성원들을 이끌어야 한다면 리더 또한 의욕을 잃어버리기 쉬울 것이다.

활력은 일과 삶을 대하는 열정적이고 활기찬 태도이자 목표를 향해 적극적으로 행동하는 의지를 말한다. 자신의 맡은 바 임무에 염세적이고 부정적인 태도로 임하는 것이 아니라, 기왕에 하는 일 활기차게 하는 직원이 활력 있는 직원이다. 업무적인 목표뿐만 아니라 개인이 추구하는 꿈에 대해서도 적극적으로 부딪치며 행동하는 사람이 활력 있는 사람이다. 이런 직원이 일터에 충분히 많이 있다면? 일터는 긍정적인 에너지를 담고 있는 행복한 곳이 될 것이다.

솔직히 말하지만 내가 리더라면 부정적인 직원을 긍정적인 사람으로 변모시키는 엄청난 노력을 기울이기보다는 처음부터 긍정적인 직원과 함께 하는 길을 선택할 것이다. 사방을 둘러보아도 전부 축 처진 직원들뿐이라면 당신의 일터는 긍정에서 한참 벗어나 있는 상태이다. 그곳에서 행복해지려면 당신과 동료의 활력을 모두 올려줄 몇 가지 유효한 방법이 필요하다. 그 이야기는 이 장의 후반부에서 더 나누도록 하자.

넷째, 구성원 간의 긍정적인 연결

조직은 한 사람이 아닌 구성원 간의 상호작용을 통해 목표를 달성하고 과업을 수행해 나가는 곳이다. 또한 사회적 동물인 인간의 특성상 무리 내에서 관계를 유지하며 생활하게 된다. 그런 점에서 구성원 간의 긍정적인 연결은 매우 중요하다. 사람들은 본능적으로 갈등상황보다는 협력적이고 상보적인 관계를 선호한다.

우리는 누구나 타인으로부터 존중받고 인정받고 사랑받고 싶어한다. 끈끈한 동료애와 소속감, 상사와 부하 간의 상호신뢰 등 긍정적인 연결은 긍정적인 일터가 가지고 있는 두드러진 특성이다. 반대로 동료 간의 갈등, 상사와 부하의 업무충돌, 부서 이기주의 등이 과도한 조직은 부정적이고 구성원 간에 관계가 단절된 조직이다.

다섯째, 긍정적인 근로조건

근로조건은 급여, 고용형태, 작업내용 등 직원이 조직으로부터 제공받는 물질적 조건 및 부여받는 임무를 말한다. 근로조건이 일터의 행복에 미치는 영향력은 매우 크다. 그러나 근로조건이 일터 행복의 전부라고 보는 것에는 무리가 있다. 놀랄 만한 연봉을 받지만 스스로 목숨을 끊는 기업체 간부나 남들이 부러워하는 직업을 가졌음에도 우울증에 갇혀 사는 사람들을 봤을 때 근로조건이 일터의 행복을 보장하지는 않는 것 같다.

그럼에도 근로조건은 일터의 행복에 큰 비중을 차지한다. 근로조건이 가혹한 직장이 있는가 하면 열악한 환경 속에서도 근로조건의 유연성을 갖춘 곳도 있기 때문이다. 한여름 뜨거운 철판 위에서 작업을 해야 하는 근로자에게 얼음물을 제공하는 일터도 있지만, CCTV를 설치하는 일터도 있다. 두 회사의 직원들이 느끼는 각각의 행복감은 많이 다를 것이다. 긍정적인 일터는 근로조건의 절대 우위에 존재하는 것이 아니라 직원의 행복을 배려하는 근로조건을 제공하기 위해 노력하는 곳이다.

지금까지 말한 다섯 가지 요소가 긍정적인 일터에 필요한 모든 조건을 충족시키는 것은 아니다. 그러나 각각의 요소를 역으로 설명하면 부정적인 일터의 전형임을 이해할 수 있을 것이다. 그러므로 현재 내가 몸담고 있는 일터가 긍정적인 일터인지, 아니면 그 반대인지를 파악하는 데는 그리 오랜 시간이 걸리지 않을 것이다. 지금부터 펼쳐지는 내용은 위에서 소개한 긍정적인 일터의 요소들을 좀 더 상세히 살펴보는 것으로 할애하고자 한다.

긍정적인 리더와
부정적인 리더

일반적으로 성공사례에 소개되는 리더에게는 하나의 공통점이 있다. 그들 대부분이 긍정리더십을 발휘하는 긍정적인 리더라는 것이다. 패배주의와 연패의 늪에서 허우적대던 최하위의 팀을 상위권으로 도약시킨 감독들의 이야기가 대표적이다. 그들에 대한 칭찬은 공통적으로 감독이 긍정적인 리더십을 통해 선수와 스텝 심지어 구단주와 팬들의 마음마저 움직였다는 내용이다. 결과가 좋으면 최대한 긍정적으로 묘사되는 경향이 있긴 하지만, 나는 기사의 내용이 사실이기를 전적으로 희망한다. 특히나 그들이 발휘한 긍정리더십은 그것이 인쇄물에만 존재하는 것이 아닌 실제의 것이기를 진심으로 원한다.

긍정적인 리더와 일해본 적이 있는가? 기억을 더듬어보기 바란다. 직속 상관도 좋지만 좀 더 높은 직급의 인물까지 떠올려보자. CEO나 경영진이라면 적합할 것이고 만일 여러분이 속한 조직이 거대한 규모라면 부서나 사업 부문의 책임자를 생각하면 될 것이다.

긍정적인 리더 하면 무엇이 생각나는가? 잘 웃고, 화내지 않고, 유머 감각이 뛰어나고, 자상하고, 비전을 제시하고, 회식자리에서 먼저 계산하고 슬그머니 빠져나가는 리더도 좋을 것이다.

그러나 긍정적인 리더는 무엇보다 긍정리더십을 발휘하는 사람이다. 긍정리더십이란 부하의 긍정적인 재능을 신뢰하고 조직의 긍정적인 요소를 개발하여 강화함으로써 희망적인 미래를 만들어가는 리더십을 말한다. 쉽게 말해서 부하의 장점을 극대화하고 조직의 강점을 강화함으로써 전체적인 경쟁력을 향상하는 방식의 리더십이다.

만일 직원의 숨겨진 재능을 발견하고 장점을 장려하는 방식으로 그들이 약진하게 된다면 조직의 경쟁력이 향상되는 것은 당연한 이치일 것이다. 또한, 직원의 입장에서는 성장한 자신의 모습에서 자신감과 자긍심을 갖게 될 것이다. 자신감과 자긍심은 대표적인 긍정 정서 즉 행복감이다. 이런 행복감을 경험하는 직원이 지속적으로 배출되고, 행복을 조직의 경쟁력으로 삼는 리더는 긍정적인 리더십을 발휘하는 긍정 리더인 것이다.

반면 부정적인 리더는 어떤가? 매의 눈으로 직원의 단점과 문제점을 찾아내고 지적하고 위협한다. 문제점을 개선하면 장점이 극대화될 것이라는 전통적인 믿음이 강하다. 그래서 잔뜩 위축된 직원은 리더에게 지적당한 자신의 문제점을 개선해보고자 노력한다. 하지만 하루아침에 문제점이 사라지지는 않는다. 문제를 개선하는 것보다 오히려 감추는 것에 주의를 기울일지도 모른다. 우선 살고 봐야 한다는 본능이 사람을 움츠러들게 하고 재능을 제대로 드러낼 수 없도록 만든다. 그런데 마음속에서는 계속 뭔가 보여줘야 한다는 부담이 자라난다. 밥값을 해야 한다는 중압감이 찍어 누른다. 이 정도 스트레스도 못 이겨내면서 어떻게 직장생활을 하냐며 또 다른 내가 나를 위협한다. 행복하지 않다. 리더에게 인정받지 못하는 자신이 초라해 보인다. 그래서 더 행복하지 않다.

부정적인 리더도 조직에 꼭 필요한 존재가 아닐까? 동의한다. 혹독한 시어머니가 며느리를 살림꾼으로 만들기도 한다. 그런데 그 며느리는 얼마나 힘들까? 얼마나 불행할까? 혹독한 시어머니의 특성도 조금은 필요하겠지만, 온전히 그런 시어머니가 될 필요는 없다. 직원의 단점과 문제점을 찾아내서 개선하면 장점이 자라날 것이라는 기대는 순진하다.

예전에 이런 상담을 한 적이 있다. 판매부서의 모 팀장은 직원들의 업무태도가 매우 수동적이고 업무처리 속도가 매우 느리다고 판단했다. 팀원들이 게으르고 매너리즘에 빠져있다고 생각한 그는 귀가 따갑도록 개선을 요구했다. 수개월이 흘러서 보니 직원들의 동작이나 일 처리가 상당히 부지런한 것이 팀장이 보기에 좋았다. 그러나 여전히 일을 자발적으로 나서서 하는 사람은 없었다. 상황은 크게 달라지지 않았다. 그러자 이번에는 팀원들을 한 명씩 불러서 그들의 문제점을 알려주고 개선을 요구했다. 그로부터 일 년이 지난 후 나에게 이런 말을 했다. "잔소리를 하고 핀잔을 주고 개선을 요구했는데 돌아오는 건 사직서뿐이었어요. 그래서 지금은 수동적으로 일하는 팀원들 눈치 보고 달래면서 일합니다. 사람은 안 바뀌나 봐요?"

문제점을 개선해도 여전히 한계는 있다. 추가적인 장점은 문제점을 해결하는 것으로는 얻어낼 수 없는 조금은 다른 차원에 서 있다. 국어 성적이 안 좋은 자녀에게 삼 년 내내 잔소리를 한다고 해서 영어 성적이 오르지는 않는다. 국어 성적은 조금 오를지 몰라도 영어 성적은 그대로이거나 오히려 더 낮아질 수도 있다.

기존의 리더십이 모두 부정적인 리더십이라는 의미는 아니다. 다만 리더가 감독자, 지시자, 혁신자 등의 카리스마적인 역할에 지나치게 치우칠 경우 행복이라는 요소는 쉽게 간과될 수 있기 때문에 긍정리더십의 중요성은 더 부각되고 있다. 문제점을 해결하면 장점이 저절로 나타나는 것이 아니라 장점을 발견하고 키우는 별도의 과정이 존재해야 한다. 직원의 긍정적인 요소를 키워내고 조직의 역량을 승화시킬 때 일터의 행복은 자라난다.

만일 여러분이 지금 부정적인 리더와 일하고 있다면 일터에서 행복하지 않을 것이다. 하지만 너무 낙심하지 않기 바란다. 긴 직장생활에 언젠가는 반드시 긍정적인 리더와 함께 하는 경험이있을 것이기 때문이다.

활력 있는 직원과
염세적인 직원

당신이 관리자이거나 아니면 적어도 부하직원이 한두 명은 있는
위치에 있다면 어떤 직원과 일하는 것이 행복할까? 활기차고 열정
이 충만한 직원인가, 아니면 부정적이며 축 늘어진 직원인가? 긍
정적인 리더가 행복한 일터의 중요한 요소인 것 못지않게 활력 있
는 직원 또한 행복한 일터의 근간을 이룬다.

　활력(vitality)은 열정(passion)이라는 용어로 불리기도 한다.[5] 활
력은 개인차가 심한 성격적 특질로써 한 인간의 행복과 성공에 매
우 큰 영향을 미친다. 랄프 왈도 에머슨이 "위대한 것치고 열정 없이
이루어진 것은 없다"고 말한 것처럼 활력은 성공의 에너지이며 활

---

5 『인간의 긍정적 성품』 P297~298 '활력' 참조. (권석만 저. 2015. 학지사)

력이 있는 사람은 목표지향적인 특성을 보인다. 그래서 활력이 있는 사람들은 목표를 향해 혼신의 힘을 다하고 남다른 추진력으로 목표에 매진한다. 이런 사람들이 뿜어내는 에너지는 당사자를 행복하게 할 뿐만 아니라 주변 사람들에게도 긍정적인 영향을 미친다.

일터가 행복해지려면 리더만의 역할로는 부족하다. 직원의 활력이 있어야 비로소 또 다른 퍼즐 조각이 맞춰진다. 리더가 아무리 재주를 부려도 축 처진 활력 없는 직원이 버티고 있다면 리더의 에너지도 쉽게 바닥을 드러낼 수밖에 없다.

그렇다면 에너지가 넘치고 화끈하게 일을 추진하는 사람들이 보여주는 특성을 모두 활력이라고 할 수 있는가? 언뜻 활력은 외향적인 사람들이 보여주는 전형적인 특징 같지만, 활력의 가장 중요한 요소는 목표와 희망이다. 목표가 있는 사람은 활력이 있다. 또 목표가 달성될 것이라는 희망, 미래가 더 나아질 것이라는 희망, 내가 더 발전할 것이라는 희망이 존재할 때 활력이 피어난다.

활력 있는 직원은 목표를 갖고 일하는 직원이다. 반면 그냥 월급을 받기 위해서, 남들 다 하는 직장생활이니까, 이직을 할 수 없기 때문에 다닌다면 목표 없이 방황하는 것이다. 목표가 없는 사람은 활력이 떨어진다. 흐르는 물에 나를 맡기면 물이 흘러가는 대로 내 운명이 결정된다. 팔과 다리를 저어 목표지점으로 이동하려면 활력이 필요하다.

행복한 일터 연구소를 운영하면서 강의를 통해 많은 기업의 수많은 직장인을 만나고 있다. 그때마다 피부에 와 닿는 것은 일터에서 행복하다고 대답하는 사람들의 비율이 눈에 띄게 적다는 것이다. 일은 지겹고 고단하며 생계수단이기 때문에 참고 일한다는 사람들의 비율이 늘 압도적으로 많다. 그런데 놀라운 사실은 청중들에게 일의 목표, 직장생활의 목표를 가지고 있는지 물어보면 꿀 먹은 벙어리가 된다. 고민하고 토론할 시간을 줘도 제대로 대답하지 못하는 사람들이 대부분이다.

많은 사람이 부채상환, 승용차 구매, 내 집 마련, 해외여행 등의 개인적인 목표와 바람을 가지고 있지만, 직무의 숙련도 향상, 직업적 성취, 작업의 혁신 등 일의 목표를 갖고 일하는 사람은 드물다. 일터에서 활력을 얻고 일터에서 행복하고 싶다면 일의 목표에 대해 충분히 고민해보는 시간이 필요하다. 일의 목표가 없으면 활력도 행복도 쉽게 사라진다. 일의 목표를 갖고 일하지 않으면 직장생활은 무기력해지고 정처 없이 표류하게 된다. 활력 있는 직원은 나름대로 목표에 몰입하고 매진하는 사람들이다.

활력 있는 직원의 또 다른 특징은 희망을 품고 일한다는 것이다. 희망은 활력과 떼어 놓고 생각할 수 없다. 목표가 달성될 것이라는 희망, 미래가 더 나아질 것이라는 희망, 내가 더 발전할 것이라는 희망을 갖고 일할 때 활력은 충만해진다. 그러나 반대로 목표를 달성하는 데 실패할 것이며 미래는 어둡고 나의 발전 역시 기대하기 힘들다고 판단한다면 염세적이고 비관적인 직장생활에서 벗어나기 힘들다. 그런 직원들이 모여 있는 일터라면 일터의 행복을 기대하기는 무척 어려울 것이다.

물론 내가 몸담은 조직이 누가 보더라도 어두운 미래와 암담한 현실 그리고 달성 불가능한 목표에 집착하는 곳이라면 염세적이고 부정적인 생각이 드는 것은 당연할 수 있다. 그러나 활력(activity)은 한 사람의 성격적 특질이기 때문에 주어진 환경의 다양성보다는 개인이 생각하는 패턴과 밀접한 관련이 있다. 달리 말해 활력이 넘치는 사람은 열악한 환경 속에서도 희망을 품고 에너지 넘치는 행보를 보인다. 그러나 활력이 부족한 사람은 보통 혹은 그 이상의 양호한 환경 속에서도 염세적이고 부정적인 판단을 하는 경향이 강하다. 성격은 쉽게 변화되지 않는다. 활력이 넘치는 사람은 평생을 활력 있게 살아갈 확률이 높은 반면, 염세적인 사람은 그와 반대로 살아갈 확률이 높다.

그러므로 활력 있는 직원과 함께하는 리더라면 꽤 괜찮은 행운을 얻은 것이다. 그러나 염세적인 직원과 함께해야 한다면 리더의 활력 또한 필사적으로 사수하지 않는 이상 쉽게 고갈될지 모른다. 행복한 일터를 위해서는 긍정적인 리더뿐만 아니라 활력 있는 직원이 필요하다. 당신이 리더라면 활력 있는 직원과 일하는 편이 염세적인 직원과 한숨을 쉬며 일하는 것보다 훨씬 행복할 것이다.

사람 때문에 떠나고
사람 때문에 다니고

인간관계만큼 일터의 행복을 좌우하는 것이 있을까? 많은 사람이 회사를 보고 들어왔다가 사람 때문에 떠난다. 반대로 회사가 마음에 안 들어도 사람이 좋아서 그럭저럭 잘 다니기도 한다. 자신이 계획한 경력관리와 예상했던 사회생활의 큰 그림 또한 일터의 인간관계에 따라 각기 다르게 그려질 수 있다. 그러므로 일터에서 형성된 인간관계가 건강하고 원만하다면 적어도 남들만큼은 행복하거나 그 이상으로 잘 지낼 것이다. 그러나 인간관계가 흔들리거나 사람들과 관계 맺기에 서툴다면 일터에서 불행감을 느낄 확률은 더 높아진다.

행복한 조직은 구성원들 간의 관계가 건강하다. 일(work)은 공적이고 사무적인 성격을 갖지만, 일이 이루어지는 과정에는 반드시 사람들 간의 교류와 협력이 필요하다. 행복한 조직에는 공동의 목표를 달성하기 위한 협력적인 업무환경뿐만 아니라 인간적인 배려도 함께 존재한다. 행복한 일터는 구성원들이 상호 긍정적으로 연결되어 있다.

일터에서 원만하고 건강한 인간관계를 구축하기 위해서는 기본적으로 개인의 성격이 중요하다는 것을 앞서 살펴보았다. 친화성과 공감 능력은 타인과 잘 지낼 수 있도록 도와주는 성격특질이다. 그러나 성격만으로 모든 것을 설명하기에는 부족하다. 건강한 인간관계는 무엇보다 일터의 문화가 뒷받침되어야 긍정적으로 구축될 수 있다.

일터의 문화는 구성원 간의 상호 모방에서 시작한다. 사람들은 자신의 의지와 달리 타인의 행동을 종종 모방한다. 한 사람이 나름 급한 사정 때문에 주차구역이 아닌 곳에 주차를 하게 되면 그 지역은 곧 비슷한 이유로 주차하는 차들이 하나둘 늘어난다. 사람들이 타인의 행동을 모방하는 이런 성향은 비만에도 영향을 미친다. [6]하버드 의과대학의 니콜라스 박사는 32년간 1만 2,067명의 사람을 추적한 결과 어떤 사람이 비대해지면 그와 가깝게 지내는 친구도 비대해질 가능성이 3배나 높아진다는 사실을 발견했다. 주목

---

6 『스위치』 P320 참조. (칩 히스, 댄 히스 저. 2010. 웅진씽크빅)

할 것은 장소의 근접성은 문제가 되지 않았으며, 서로 다른 지방에 거주하는 친구들 사이에서도 퍼져 나갔다고 한다.

일터라고 예외일 리 없다. 회의시간에 절대로 질문하지 않기, 점심메뉴로 동료와 같은 것을 주문하거나 비슷한 시간대에 사람들이 한꺼번에 출근하는 현상은 대부분 동료의 행동을 학습하고 모방한 결과이다.

직장 내 인간관계 역시 동료의 행동을 따라하는 것에서 출발하고 이것은 차츰 조직의 문화로 정착된다. 만일 개인의 일에만 몰두하고 타인과의 교류나 협력은 최소화하는 동료가 주변에 많다면 당신 또한 타인과의 협력보다는 독자적으로 일을 처리하기 위해 애쓰게 될 것이다. 그리고 그 과정에서 인간관계는 소외될 것이다. 게다가 조직 차원에서 구성원 간의 경쟁을 부추기고, 동료는 또 다른 적(適)이라는 메시지를 줄곧 강조한다면 당신의 일터는 승자독식, 약육강식의 정글이 될 수밖에 없다. 정글에서는 먹이사슬의 정점에 있는 소수의 행복만 보장될 뿐 대다수의 행복은 쉽게 짓밟힌다. 결국, 회사를 보고 들어왔다가 사람 때문에 떠나게 된다. 행복한 일터가 되기 위해서는 구성원 간의 긍정적 연결, 건강한 관계를 장려하는 문화가 함께 필요하다.

문화와 별개로 어떤 사람들과 함께 일하는지의 여부는 좀 더 피부에 와 닿는다. 개인의 성격과 소속된 조직의 문화만큼이나 업무적으로 연결된 사람들은 일터의 행복에 직간접으로 관여한다. 그런데 타인이라는 변수는 내가 통제할 수 있는 요소가 아니다. 그런 점에서 누구와 함께 일하는지는 절반이 운에 달려 있다고 할 수 있다.

가장 좋은 경우는 좋은 동료를 만나는 것이다. 공감력과 친화성이 뛰어난 상사나 부하와 일하는 것이 최적이라면 최악의 상황이자 우리가 가장 피하고 싶은 상황은 이기적인 동료나 냉혹한 상사와 일하는 것이다. 이럴 경우 일터의 행복은 멀리 달아나고 사람 때문에 결국 직장을 떠나게 될지도 모른다.

IT 영업부에서 반도체 사업부로 부서이동을 한 이 대리는 영업을 하기에는 안성맞춤인 성격이다. 넉살이 좋고 사교성도 뛰어나서 주변에 늘 웃음꽃을 피우며 다니는 스타일이다. 이 대리는 반도체 영업에 필요한 매뉴얼을 숙지하고 경험을 쌓아가며 차츰 업무에 적응해가고 있었다.

그런데 담당 부서의 팀장은 이런 이 대리를 기다려줄 마음이 없었다. 팀장은 당장 영업실적을 내 눈앞에 가져오라고 다그쳤다. 이 대리는 특유의 서글서글한 성격을 발휘하며 팀장에게 자신의 입장을 설명했지만 받아들여지지 않았다. 설상가상으로 팀장은 다른 부서 직원들도 들을 만큼의 큰 소리로 이 대리를 공개 질타하며 망신을 주는 일이 다반사였다. 주변 사람들도 걱정 어린 눈길을 보내긴 했지만, 그 윗선에서도 말리거나 조언을 해주는 사람은 없었다. 게다가 일부 직원들은 영업부는 원래 이렇게 군기를 잡아야 한다며 동조하기까지 했다. 결국 이 대리는 회사를 떠났고 팀장은 다른 직원에게 비슷한 행동을 반복했다.

일터의 문화가 이 지경이라면 개인의 행복은 쉽게 훼손될 수밖에 없다. 팀장 입장에서는 실적이 분명 중요했을 것이다. 그러나 공개적인 망신주기와 모욕적인 잔소리는 일터의 정서를 부정적으로 변질시킬 뿐이며 제대로 된 해결책 또한 아니다. 게다가 상황을 방치하고 행동을 자제하도록 만들지 못하는 주변 사람들의 역할 또한 일터의 불행을 가중하는 데 기여한다.

이와 반대되는 훈훈한 경우도 있을 것이다. 조금 느리지만 실적이 향상될 수 있도록 도움을 주고 상황에 따라서는 따끔한 지적도 하는 스승 같은 상사 말이다. 직장생활이 무의미하게 느껴지고 의욕이 크게 떨어질 때 어깨를 다독여 주며 함께하는 입사 동기도 있을 것이다. "선배 힘내요"라고 고마운 말을 건네는 후배도 대환영이다.

함께 일하는 사람은 중요하다. 일터의 행복에 있어서 함께 일하는 사람들의 중요성과 비중은 두말할 필요 없이 절대적이다. 그러나 세상은 호락호락하지 않다. 나에게 갑자기 좋은 직장동료 선물세트가 주어지길 바라는 것은 현실적이지 못하다. 좋은 동료를 만나는 것도 중요하지만, 내가 좋은 동료가 되려는 전향적인 태도가 있을 때 일터의 행복도 찾아올 수 있다.

자율성 그리고
일터의 행복

남들이 부러워하는 기업에 다니던 사람이 홀연 도시를 떠나 시골로 이주했다는 이야기를 들어본 적이 있는가? 높은 연봉을 받던 사람이 업무 스트레스로 인해 그보다 보수가 훨씬 적은 곳으로 이직한 이야기는 또 어떤가? 그들은 왜 물질적 풍요를 눈앞에 두고 정신적 여유를 택했을까?

과도한 업무량과 처리하지 못한 일이 누적될 때 직장인들은 큰 스트레스에 시달린다. 행복감은 추락하고 일에 짓눌린 상태로 옴짝달싹할 수 없는 상황에 놓이게 된다. 내가 일을 처리하는 게 아니라 일이 나를 처리하는 상황이 되어버리면 우리는 자율성이라는 내면의 동력을 상실한다.

사람은 누구나 자신이 선택한 일, 자신의 의지로 결정한 일에 더 큰 만족을 느낀다. 이처럼 개인의 내면에서 일어나는 동기(motivation)를 바탕으로 무엇인가를 하고자 할 때 행복감은 상승하고 특별한 보상이 없더라도 그 일을 지속할 수 있는 에너지가 생긴다. 자원봉사자를 보면 쉽게 이해할 수 있다. 그들은 누군가에게 도움을 주는 일에 가치를 두고 그 과정에서 큰 기쁨을 느끼기 때문에 육체적으로 피곤하고 보수가 없더라도 자원봉사를 계속한다. 누가 시켜서 하는 것이 아닌 자율성이라는 자발적 선택에 의해 움직이기 때문에 일이 노동이 아닌 행복이 될 수 있는 것이다.

심리학자 [7]에드워드 데시와 리차드 라이언은 외적인 보상에 의해 동기가 부여된 사람보다 개인의 내면에서 일어나는 내재적 동기를 지닌 사람들이 끈기, 업무성과, 행복 수준 등이 더 높다고 보고했다. 특히 내재적 동기를 구성하는 3요소로 유능성, 관계성, 자율성을 제시하였는데 여기서 눈여겨 보아야 할 것은 바로 '자율성(autonomy)'이다.

몇 해 전, 먼저 떠난 아내의 무덤 근처를 생전에 좋아하던 꽃으로 화사하게 꾸며 놓은 어느 할아버지에 대한 TV 프로그램을 봤다. 이 할아버지는 매일 새벽에 일어나 3시간 남짓 걸리는 아내의 무덤으로 출근하기를 4년 동안 한 번도 거르지 않았다고 한다. 불

---

7 Deci, E. L., & Ryan, R. M. (2000). The "what" and "why" of goal pursuits: Human needs and the self-determination of behavior. Psychological Inquiry, 4, 227-268.

편한 의무감이나 타인의 지시가 아닌 자율적인 내면의 의지였기 때문에 할아버지는 그 일이 전혀 힘들지 않았다고 한다.

만일 누군가가 3시간이나 걸리는 거리를 휴일도 없이 4년 동안 쉬지 말고 출근하라고 한다면 대부분은 병에 걸리고 말 것이다. 월급을 준다고 해도 마음에서 우러나오지 않는 이상 돈 때문에 어쩔 수 없이 인상을 구기며 일해야 할 것이다. 인간에게 자율성은 행동하게 하는 근원적인 에너지이자 행복의 기초이다.

자율성의 또 다른 사례로 업무량을 살펴보자. 업무량은 일의 양적 분류로 일터의 행복에 많은 영향을 미친다. 업무량이 과도한 것보다는 적당할 때 만족감이 더 크다. 그런데 누가 보더라도 업무량이 많음에도 불구하고 만족하며 일하는 사람도 있다. 왜 그럴까? 바로 내적 동기 중 하나인 자율성 때문이다. 자신이 스스로 정한 목표가 있거나 하고 싶어서 하는 일인 경우에는 업무의 양이 많은 것은 크게 문제가 되지 않는다. 남들보다 잘 견디고 쉽게 피로감을 호소하지도 않는다.

문제는 자율성이 낮은 상태에서 업무량이 과도할 때이다. 이때는 업무량이 늘어남에 따라 행복감이 큰 폭으로 추락한다. 일이 너무 많아서 괴롭다는 사람 혹은 온종일 처리해야 할 일 생각으로 머리가 꽉 찬 사람이면서 동시에 일터에서 행복하지 않다고 말하는 사람들의 대부분은 그 일이 스스로 선택해서 한 일이 아니기 때문이다.

혹자는 이런 질문을 던질지도 모르겠다. "그럼 일터에서 스스로 선택해서 할 수 있는 일이 있기는 한가요? 모두 위에서 하라고 해서 하는 타율적인 일 아닌가요?" 그렇다. 우리가 처한 현실, 우리가 매일 직장에서 하는 일이 대부분 그렇다. 태생적으로 자율성이 보장되지 않는 환경에 처했음을 부인하지는 않겠다. 그러나 그 안에도 일정 부분의 자율성이 존재한다. 그것이 장려되고 보존되는 일터는 긍정적인 일터이다.

당신의 일터는 어떤가? 어차피 주어지고 할당되는 일이라 하더라도 사전에 직원의 의견을 묻거나 참여를 통해 결론에 도달하는가? 아니면 어느 날 갑자기 일 꾸러미가 뚝 떨어지는가? 만일 전자라면 내가 아는 한 당신의 일터는 긍정적인 곳이다.

또 나 자신은 어떤가? 어차피 조직의 특성이 그렇다면 일이 할당되거나 주어지기 전에 현실을 수용하고 업무를 긍정적으로 받아들이는가? 아니면 업무량이 늘어나지 않기만을 기대하며 방어적으로 일하는가? 어떤 경우가 되었든 실질적인 업무량보다 자율성의 여부가 일터의 행불행에 영향을 미친다. 개인의 자율성을 존중해주는 일터는 긍정적인 일터이고 구성원의 행복을 염두에 두고 있는 곳이다. 이런 일터라면 업무량이 많더라도 개인이 체감하는 업무량은 조금은 덜 부담스러울 것이다. 할 수만 있다면 적극적으로 업무를 소화하며 직무역량을 향상하는 좋은 계기로 삼을 수도 있다.

그러나 어떤 일터는 전혀 그렇지 못하다. 밥값을 하라며 감당하기 힘든 양의 일로 직원을 몰아붙일 수도 있다. 어떠한 협의나 참여도 없이 어느 날 일을 툭 던져 놓고는 해내는지 쓰러지는지를 보려고 할지도 모른다. 그런 일터라면 사람들은 쉽게 불행해질 것이다. 구성원의 행복을 고려하지 않는 일터는 자율성을 이해하지 못하거나 무시하는 일터이다. 불행히도 우리는 이런 일터에 이미 충분히 익숙하다.

개인적인 바람이 있다면 나는 개인의 자율성을 존중하고 장려하는 모습을 보이는 일터가 늘어났으면 한다. 나아가 자율성이라는 내면의 에너지로 행복하게 일하는 구성원들이 더 많아지기를 희망한다. 행복하게 일하는 직원이 그렇지 못한 경우보다 양적으로나 질적으로 더 많은 기여를 한다는 사실을 우리는 잘 알고 있지 않은가?

능력과 작업수준의
균형 여부

수포자(수학 포기자)에게 한 시간 안에 수학 문제 열 개의 정답을 모두 맞혀야 하는 과제가 주어진다면? 반대로 전문회계사에게 온종일 영수증 붙이는 일이 업무로 주어진다면? 그들은 행복할 수 없을 것이다. 수포자는 늘 긴장 속에서 살게 될 것이고 결국 좌절할지도 모른다. 회계사는 몹시 따분해하거나 무시당한 것 같아 분노할 것이다. 자신이 보유한 직업적 능력과 작업수준의 균형 여부는 일터의 행복에 있어서 상당히 중요하다.

우수한 능력을 갖춘 사람에게 너무 쉬운 작업이 주어진다면 그 사람은 무료함을 느끼거나 자신이 퇴보하고 있다고 판단하기 쉽다. 신입사원일 때 주어진 일이 수년간 바뀌지 않고 반복될 때 사람들의 행복감은 도전받는다. 자신의 능력은 예전과 달리 확대됐음에도 주어지는 일은 예전과 다름없다면 우리는 일을 통해 성장하고 있다는 느낌이 들기 어렵다. 그래서 이직을 하거나 직업을 바꾸거나 완전히 새로운 일에 도전하는 결심에 이르기도 한다.

이와 반대로 자신이 보유한 능력보다 상대적으로 훨씬 높은 수준의 작업이 주어질 때도 마찬가지로 행복은 밀려나고 그 자리를 불안이 대신할 것이다. 이런 경우 다양한 이유로 작업을 회피하거나 지연시키거나 포기하는 몇 가지 옵션을 사용하게 된다. 때론 주어진 일을 수행하지 못하는 자기 자신 혹은 그 일을 지시한 상사를 원망하기도 한다. 결과적으로 일터에서 위축된다. 이런 상황은 본의 아니게 자신이 원래 가지고 있던 능력마저도 제대로 발휘하지 못하게 만들기도 한다.

예전에 일본어를 어느 정도 하는 경력사원이 있었다. 스터디 모임도 하고 일본어 동호회 활동도 활발히 하는 친구였다. 나는 당연히 실력이 꽤 괜찮을 것이라고 생각했다. 입사면접 당시에도 일본어를 잘한다고 어필했었다. 그때 마침 일본에서 새로운 바이어가 미팅을 희망했다. 나는 그 직원에게 상담에 필요한 자료를 일본어로 새롭게 작성하고 미팅에도 함께 들어갈 것을 권유했다. 그런데 갑자기 태도가 돌변했다. 자기는 일상적인 일본어는 할 수 있어도 비즈니스는 하나도 모르기 때문에 할 수 없다고 나왔다. 워낙 완강하게 거부를 하기에 부담이 되면 매뉴얼만 만들어 달라고 했다. 그런데 며칠 있다가 불쑥 사직서를 들고 나를 찾아왔다. 갑자기 생각지도 못한 일이 주어지는 것에 대한 거부감 때문이었을 수도 있다. 또 상사인 내가 좀 더 부드럽게 업무를 지시하지 못한 잘못도 있을 것이다. 그러나 자신이 보유한 능력보다 상대적으로 훨씬 높은 수준의 작업이 주어진 것에 대한 두려움이 가장 큰 이유였다고 생각한다.

그런 점에서 능력과 작업수준의 균형 여부는 일터의 행복에 큰 축이 된다. 이쯤에서 자신의 상황을 점검해볼 필요가 있다. 만일 내가 일터에서 수행하는 일이 따분하고 무료하게 느껴진다면 자신이 맡은 작업의 수준이 어떤지 판단해보기 바란다. 만일 나의 능력치보다 작업수준이 낮다면 어떻게 해야 할까? 스스로 작업수준을 올리거나 상대적으로 높은 작업수준이 주어지는 일을 찾아가면 된다. 전자의 경우는 자기 일을 개선해보고 발전시키려는 자발적 의지가 필요하다. 지금 하는 일 그리고 지금 다니는 직장에서 변화를 모색해볼 수 있다. 다만 필요성을 느끼지 못하거나 힘든 것보다는 따분한 편이 차라리 낫다는 판단이 선다면 시도해보기 어려울 것이다.

후자의 경우라면 새 직장을 구하거나 부서이동을 신청하거나 새로운 직무를 요청해보는 방법이 있다. 하지만 이 작업에는 크고 작은 위험부담이 따른다. 용기가 필요할뿐더러 때에 따라서는 상사가 당신의 의도를 이직하겠다는 뜻으로 잘못 받아들일 수도 있다. 또, 새로운 일터로 옮겼는데 막상 예전 수준만 못한 직무를 맡길 수도 있다. 그만둔 직장으로 다시 돌아갈 수도 없고 무척 난감한 상황에 처할 수 있음을 고려해야 한다.

이외에 점검해봐야 할 중요한 것이 하나 더 있다. 개인의 능력 수준이다. 일상적으로 수행해야 할 작업의 수준이 보유한 능력보다 지나치게 높으면? 작업의 높은 난도가 담당자를 궁지로 몰아넣는다면? 분명 압박감과 스트레스에 시달릴 것이다. 이런 경우 두 가지 선택이 가능하다. 개인의 능력 수준을 높이거나 주어진 작업 수준을 낮춰달라고 요구하는 것이다. 능력 수준을 높이는 것은 장기적인 노력과 계획이 필요하다. 당장 해결이 되지 않기 때문에 많은 인내 또한 필요하다. 작업수준을 낮춰달라는 요구는 한두 번 먹힐지는 몰라도 자칫 조직 내 입지가 좁아질 수도 있다. 어떤 일터도 직원에게 평이하거나 감당 가능한 수준의 일을 맡기면서 인상된 급여를 제공하려는 곳은 없기 때문이다.

만일 두 가지 선택이 모두 여의치 않다면? 대개는 이런 경우가 훨씬 많을 것이다. 이럴 때는 가능성이 높은 선택을 먼저 한 이후에 궁극적으로는 당신의 능력 수준을 높이는 노력이 필요하다. 일이라는 것이 개인의 사정에 맞게 맞춤형으로 주어질 수 없기 때문이다. 어떤 상황에서도 적절히 대응해가며 일하기 위해서는 결국 나의 능력을 향상하는 것 외에는 뾰족한 방법이 없다. 개인의 직무 능력을 향상하는 과정이 쉽고 편한 길은 아니지만, 그 과정에서 상당한 행복감을 경험할 수 있다는 좋은 점도 분명 있다. 성장해나가는 자신의 모습을 보며 스스로 뿌듯해하지 않을 사람은 없다. "이런 일까지도 처리할 수 있을 만큼 나는 성장했어. 작년까지만 해도 엄두도 내지 못했는데 말이야. 그러니까 나 같은 녀석은 쓸모없는 존재야!" 이렇게 생각할 사람은 없다.

우리가 일터에서 행복하기 위해서는 능력과 작업수준이 균형을 이루어야 한다. 그 균형은 운 좋게 주어지는 것도 있지만 궁극적으로는 내가 만들어 가야 한다. 환경은 굴복하라고 있는 것이 아니라 개척하라고 있는 것이다. 그런 점에서 당신의 작업을 새롭게 개선하는 노력뿐만 아니라 당신의 능력 수준을 높이는 장기적인 노력이 필요하다. 이러한 일련의 작업이 일터의 행복을 가져오는 데 일익을 담당할 것임을 확신한다.

근로조건이
행불행을 결정?

직업에는 귀천이 없지만, 직업에 따라 근로조건은 천차만별이다. 어떤 조건 즉, 어떤 직무환경에서 일하는지에 따라 일터의 행복도 많은 영향을 받는다.

우선 급여를 생각해보자. 자신의 연봉에 만족하는가? 잊을만하면 등장하는 이 설문을 보면 만족하기보다는 만족하지 못한다는 비율이 여전히 높다. 그래서 연봉이 오르면 행복해질 것이라는 기대는 설득력을 가진다. 그러나 경험상 연봉이 찔끔찔끔 오르는 것은 행복에 크게 기여하지 못한다. 오히려 허탈감만 커진다. 당신의 의식주가 확실하게 바뀔 만큼 한방에 전격적으로 인상이 되어야 만족감이 큰 폭으로 상승할 것이다. 하지만 이런 기대는 공허하다. 이런 일이 일어날 확률이 얼마나 희박한지는 우리 모두 너무 잘 알고 있다.

　연구에 따르면 월급이 일터의 행복에 막강한 영향력을 행사하는 대상은 가난한 사람들이다. 좀 더 정확히 말하면 가난한 나라의 가난한 국민들이다. 일정 수준 이상의 안정되고 보장된 복지를 누리는 나라의 국민들은 급여가 행복에 크게 관여하지 못했다. 가난한 사람에게는 돈이 삶의 많은 부분을 전폭적으로 개선해주는 도구이다. 그래서 급여조건은 당장 개인의 삶을 바꿔줄 만큼 절대적인 부분이다.

　나도 한때 일 년 남짓을 백수로 생활한 적이 있다. 직장생활을 그만두고 기업교육을 한다고 나와서 헤매고 있을 때였다. 경제적 상태는 당연히 엉망이었다. 부채와 이자에 허덕이고 생활은 차츰 찌들어 갔다. 그때 고정적인 월급을 받는 사람들이 세상에서 제일 부러웠다. 사업을 접고 채용 면접을 보러 다닐까 여러 번 고민했었다.

　그렇게 시간이 흐르고 출강 횟수가 조금씩 늘자 통장에 들어오는 적은 돈들이 나에게는 정말 구원의 자금이었다. 하지만 희한하게도 강의횟수가 늘어나면서 강의료는 나에게 큰 동기부여가 되지 못했다. 적게 받아도 보람된 곳이 있었던 반면, 많이 받아도 마음이 편치 못한 곳도 많았다. 경험으로 미루어 급여조건이 일터의 행복을 결정하는 중요한 요소이기는 하지만 절대적인 요소라고

하기에는 여전히 무리가 따른다. 패스트푸드 매장 아르바이트 학생과 게임회사의 소프트웨어 개발자의 연봉조건은 분명 다르지만, 누가 더 행복할지는 장담할 수 없다는 것이다.

복리후생 또한 중요하다. 직원을 위한 복지제도가 잘 갖춰진 일터는 직원들의 사기를 높일 수 있다. 내가 아는 어떤 중소기업은 빨간색 오픈카를 직원들에게 대여해준다. 휴가나 주말에 드라이브하고 싶다면 미리 신청해서 빌려 타면 된다. 또 어떤 기업은 출퇴근 거리가 먼 미혼 직원을 위해 사택을 무료로 제공하는 제도가 있다.

반면 아파트 경비원들은 삼복더위에도 에어컨이 나오지 않는 작은 경비실에서 선풍기와 씨름을 해야 한다. 복리후생은 일터의 행복에 많은 기여를 한다. 그러나 복리후생은 접근이 용이하고 직원 친화적일 때 그 힘을 발휘한다. 임직원 리조트를 운영하면서 사용하려고 할 때마다 그 이유를 묻거나 정작 필요한 시기에는 임원들만 사용할 수 있다면 곤란하다. 또한 보여주기식이거나 수요보다 공급이 턱없이 부족할 때 복리후생은 오히려 직원들의 원성을 사는 원인이 될 수 있다.

급여나 복리후생같이 물질적인 요소만 근로조건에 해당하는 것은 아니다. 휴가, 휴일, 휴직 등 휴식과 관련된 근로조건 역시 중요하다. 요즘 세대는 급여가 조금 적더라도 휴식이 보장되는 일터를 선호한다. 조금 더 받는 월급 때문에 야근에 주말 근무까지 한다면 일터의 행복은 쉽게 사라질 것이다. 휴식은 여가활동, 취미생활 등을 포함하여 일에서 잠시 떠나 스트레스와 긴장감을 해소하고 에너지를 재충전하는 없어서는 안 될 삶의 동반자이다. 심리학자 프로이트는 인간의 삶에서 일과 사랑이 중요하지만 하나를 더 한다면 놀이(play)라고 했다.

휴식과 행복의 관계에 대한 연구도 다양하다. 대다수의 연구가 공통으로 증명하는 것은 적절한 휴식은 업무의 효율성을 높이고 스트레스 저항성을 강하게 해준다는 것이다. 잘 쉬면 일도 잘되고 짜증도 덜 낸다는 이야기다. 휴식과 관련된 근로조건은 일터의 행복과 높은 관련이 있다. 쉬지 못하거나 쉬는데 눈치를 주는 일터보다는 보장된 휴식에 대해서는 언제든지 자율적으로 사용할 수 있는 일터가 더 행복한 일터이다.

근로조건은 일터의 행복과 관련이 깊다. 연봉, 복리후생, 휴식 등 근로자의 실생활과 건강에 직접적으로 관련되는 근로조건은 후할수록 좋다. 그러나 근로조건은 경영상황에 따라 많은 영향을 받는다. 회사에 위기가 도래할 때는 복지를 축소하거나 폐지하기도 하고 급여를 동결하거나 삭감하기도 한다. 더군다나 조직의 분위기가 침체되어 있을 때는 휴가를 가기도 눈치가 보이게 되고 휴직은 더욱 꺼려진다. 엄밀히 말해 근로조건은 가변적이다. 상황과 시기에 따라 풍성해지기도 하겠지만 반대로 대폭 줄어들 수도 있다. 그러므로 지금 출근하는 회사의 근로조건이 좋기 때문에 나는 행복하다고 말한다면 당신의 행복기반은 취약하다고 할 수 있다.

근로조건은 분명 일터의 행복에 있어서 중요한 요소이지만 외부에서 주어지는 것이기 때문에 스스로 통제하는데 한계점이 있다. 기왕이면 좋은 조건의 일터를 선택하는 것이 행복에 보탬이 되겠지만, 근로조건이 일터의 행복을 모두 설명할 수 있는 것은 아니다. 또한, 근로조건이 당신의 행불행을 좌우하도록 방치해서도 안될 일이다. 좋은 조건에서 웃고 평범한 조건에 실망한다면 조건이 당신의 행불행을 통제하는 것 아니겠는가?

일터의 행복을 위해 모두 해야 할 일

직원들의 감정과 정서를 관리하기

▼

▼

감정과 정서는 비슷하지만 다른 부분이 있다. 감정(feeling)은 특정 사건에 의해 발생하며 표정을 동반하는 단기적인 기분의 변화를 말한다. 영화를 보고 눈물을 흘린다면 슬픔이라는 감정(sad feeling)이 밀려온 것임을 알 수 있다. 인상을 쓰며 휴대폰을 집어 던진다면 분노라는 감정(angry feeling)이 들이닥쳤음을 짐작할 수 있다. 반면 정서(emotion)는 감정보다는 큰 개념으로 감정을 포함하여 사람들이 가지는 광범위한 느낌의 총체로 정의된다.

어느 성인 남성이 평소에 슬픈 감정을 많이 느끼고 타인에 대해 부정적인 평가를 하며 세상을 삐딱하게 본다면 이 사람은 부정적 정서 상태에 놓여 있다고 할 수 있다. 이론적으로 감정과 정서는 이렇게 구분된다. 그러나 현실에서는 서로 뚜렷한 경계를 지어 구

행복한 일터의 조건

별하기가 어렵다. 분명한 것은 감정이나 정서는 한 개인이 나와 타인 그리고 사물이나 상황에 대해 지각하고 느끼는 느낌을 말한다.

초점을 개인에서 일터로 전환해보자. 어떤 구성원은 자신이 몸 담고 있는 조직에 긍정적인 감정과 정서를 보이는 반면 그렇지 못한 경우도 있다. 중요한 것은 긍정적인 정서 상태에서는 작업의 능률이 오르고 일에 대한 만족감이 상승한다는 사실이다. 과거에는 긍정적인 정서가 성과에 득이 되는지 방해가 되는지 잘 알지 못했다. 그래서 몇몇 관리자들은 비장하고 심각한 표정으로 묵묵히 일하는 것을 성실한 직원의 척도로 삼았다. 그러나 최근에는 이러한 의문들이 과학적 탐구를 통해 규명되고 있다.

[8] 저지(T.A. Judge)와 토레슨(C.J. Thoresen) 등이 5만 4천여 명의 표본을 다룬 300여 편의 논문을 종합적으로 연구하여 발표한 2001년도 자료에 의하면 자기 일에 만족하는(job satisfaction) 직원과 성과(job performance) 간에는 동떨어진 것이 아니라 유의미한 상관이 있는 것으로 나타났다.

자기 일에 만족한다는 것은 직장에서 긍정적인 감정과 정서를 경험하고 있는 상태를 말한다. 직원이 일터에서 느끼는 긍정적인

---

8 Timothy A. Judge, Carl J. Thoresen, Joyce E. Bono, Gregory K. Patton, "The Job Satisfaction-Job Performance Relationship: A Qualitative and Quantitative Review", Psychological Bulletin 2001, Vol. 127. No. 3. 376-407

정서의 정도는 곧 일터의 행복을 의미한다. 행복한 직원은 괜찮은 성과를 만들어 낼 확률이 높다. 그러므로 성과라는 목표에만 기계적으로 매달리기보다는 직원들의 긍정적인 정서를 관리함으로써 기대하는 성과를 얻는 지혜를 발휘해야 한다.

UBS(스위스에 본사를 둔 금융기업), 아메리칸 익스프레스 등의 기업은 직원들이 슬픔이나 분노 등의 부정적 감정을 겪을 때 행복 관리사(happiness coach)로 불리는 전문가로부터 도움을 받아 긍정적인 상태로 회복할 수 있도록 도와주는 제도를 운용하고 있다. 일터에서 혹은 개인적으로 겪는 고통, 슬픔, 분노가 견디기 힘들 때 행복 관리사의 도움을 받아 정상적으로 업무에 임할 수 있도록 조언과 상담 등을 제공하는 것이다. 놀랍지 않은가? 직원들의 감정에 귀를 기울이고 실질적인 도움을 주는 이런 제도를 운용하는 기업이 존재한다는 것이 말이다.

최근에는 한국의 기업들도 긍정적인 정서를 관리하는데 주의를 기울이기 시작했다. 물론 그 속도가 여전히 더디고 실행하는 기업이 제한적이지만 기대를 해볼 만하다. 내가 목격한 대표적인 곳은 콜센터를 운영하는 몇몇 큰 기업들이었다. 이 기업들은 대부분 심리상담사가 상주하며 상담원들에게 상담 서비스를 제공하고 있었다. 사실 콜센터의 직원들이 겪는 업무 스트레스는 상상을 초월한다. 반복적인 업무뿐만 아니라 일부 고객의 언어폭력까지 고스란히 겪어야 하는 직원들의 입장에서는 긍정적인 정서를 유지하기

가 쉽지 않다. 이럴 때 찾아가서 하소연할 곳이 있다면 큰 위안이
될 것이다.

　이렇게 복지 차원에서 직접 직원의 정서를 관리하는 기업도 있
지만, 조직의 전반적인 분위기와 조직문화를 통해 관리하는 기업
도 상당수 있다. 권위주의를 없애고 상호 존중하는 문화를 정착시
키기 위해 호칭을 '○○님'으로 부르는 기업의 사례는 이제 꽤 유
명하다. 최근에는 삼성도 수평적인 조직문화 정착을 위해 직급을
단순화하고 수평적 호칭을 사용하는 내용을 골자로 하는 혁신안
을 마련하여 실행하고 있다. 이러한 시도는 조직문화 자체를 유연
하고 개방적으로 변화시킴으로써 직원들이 조직과 자신의 일에
대해 느끼는 전반적인 감정과 정서를 긍정적인 방향으로 이끌고
자 하는 의지가 담겨있다고 할 수 있다.

　일터의 행복을 위해서는 개개인의 성격도 중요하지만 조직 차
원의 노력이 수반될 때 유지되고 향상될 수 있다. 아무리 긍정적인
성격을 가진 사람이라 하더라도 직원의 행복에 관심이 없는 회사
에서 일한다면 머지않아 시들해질 것이다. 괜찮은 조합은 긍정적
이거나 평범한 직원이 긍정적인 일터에서 일하는 것이다. 그러나
가장 슬픈 조합은 긍정적이지 못한 일터에서 일하는 모든 사람들
일 것이다.

구성원의 강점을 찾아 더 크게 키우기

▼

▼

어떤 부모가 있다. 고등학생 아이가 둘 있는데 하나 같이 국, 영, 수를 못 한다. 성적은 하위권이다. 학원에 인강에 이것저것 다 해봤지만, 성적이 잠깐 올랐다가도 다시 제자리로 돌아온다. 성실하고 예의도 바른데 학교공부에는 소질이 없다. 부모 마음은 하루가 다르게 까맣게 타들어 간다. 이러다가 인생 낙오자가 될 것 같아서 걱정이다. 자녀의 성적이 저조한데 천하태평인 부모는 흔치 않다. 그래서 이것저것 다 해보고 아이와 몇 년간 끊임없이 전쟁을 치른다. 학교, 학원, 집으로 연결되는 사이클에 아이는 점점 불행해지고 사교육비와 성적표에 부모의 한숨은 깊어만 간다.

이렇게 부모와 자녀는 수평선을 달려야만 할까? 조심스럽지만 내가 보기에 이 아이들은 공부가 아닌 다른 쪽에 분명 재능을 가지고 있다. 그런데 부모가 아직 그것을 보지 못했거나 보고 싶지 않았거나 아이들 역시 스스로 인식하지 못했을 것이다. 얼마 전 메가스터디의 창업자 손주은 회장이 모 방송에서 한 말이 기억난다. "공부에서 가장 중요한 것은 유전자입니다. 공부를 못하면 공부를 안 시키면 됩니다. 공부=대학=성공이라는 성공방정식이 통하는 시대는 이미 끝났습니다. 미래는 지식보다는 창의성의 시대입니다. 학생을 믿으십시오. 공부에 목숨 걸지 마십시오."

현명한 부모라면 아이의 약점을 개선하는 시도도 하겠지만 동시에 아이가 재능을 보이는 강점에 집중하고 투자해야 할 것이다. 부모가 아이의 약점을 개선하는 데에만 너무 매달리다 보면 아이와 부모의 관계는 경직되고 아이의 행복은 위태로워질 것이다. 그러나 아이의 강점을 발굴하고 개발하는 방향으로 전환한다면 아이의 경쟁력이 향상될 뿐만 아니라 좀 더 행복한 일상이 가능해진다.

일터 역시 예외가 아니다. 긍정적인 조직은 구성원 개개인의 약점을 개선하는 노력을 하면서도 강점을 찾아 더 크게 키우는 노력을 병행한다. 구성원 각자의 강점이 확대될수록 상대적으로 약점은 그 비중이 축소되게 된다. 구성원의 강점을 파악하고 강점을 개발시킨다는 것은 조직이 직원들의 행복을 촉진하는 방향으로 조직을 운영한다는 의미이다. 최근에는 긍정 조직학(POS: Positive Organizational Scholarship)이라는 분야에서 구성원 개개인의 강점을 개발함으로써 조직의 경쟁력을 극대화하는 방향의 연구가 활발히 진행되고 있다.

구성원의 강점을 발견하고 개발하려면 어떻게 해야 할까? 구성원들을 들여다보면 된다. 사람은 누구나 재주가 있고 남다른 장점을 가지고 있다. 그것을 내세우지 않거나 발견하지 못했거나 일과 접목시키지 못했을 뿐이다. 강점은 개개인이 보유하고 있는 고유의 특성이기도 하고, 특정한 상황에서 발휘되기도 한다. 그래서 강점을 개발하려면 개인의 강점을 관찰하는 것뿐만 아니라 강점이 발휘될 수 있도록 환경을 조성하는 작업이 필요하다. 하지만 현실은 그렇지 못한 경우가 더 많다.

박 주임은 리더십이 부족하지만 동료들을 잘 돕고 협력적으로 일한다. 그런데 최 과장은 박 주임을 매번 다그친다. "남의 일에 그만 신경 쓰고 자기 일만 신경 쓰세요. 그 시간에 실적을 더 올리세요. 박 주임은 사회가 얼마나 냉정한지 아직도 모르나?" 최 과장은 협력적으로 일하는 박 주임을 자기 밥그릇도 못 챙기면서 남 걱정이나 하는 직원으로 판단했다. 부하의 강점을 있는 그대로 보지 못한 것은 물론, 약점으로 잘못 판단한 것이다.

지나친 배려는 경쟁에서 도태되는 결과를 초래할 수 있다. 그러나 협력적으로 일하는 태도에서 강점보다 약점을 더 많이 보았다는 것은 관리자로서 분명 문제가 있다. 이런 상황이라면 박 주임의 강점이 제대로 발휘될 수 있을까? 그리고 수많은 최 과장이 조직에 존재한다면 그 일터는 구성원들의 단점에 매몰되어 있는 불행한 일터이다. 이런 환경에서 직원이 긍정적이며 행복하게 일한다는 것은 결코 쉬워 보이지 않는다.

조직의 강점을 찾기 위해 구성원들을 살펴보고 그들이 잘하는 것을 토대로 역량을 발휘할 수 있도록 돕는 과정은 다분히 긍정적이다. 직원들은 이런 일에 발 벗고 나서는 회사를 싫어할 리 없다.

몸에 맞지 않는 옷을 억지로 입히며 민첩하게 움직이라고 주문을 하기보다는 몸에 맞는 옷을 입었을 때 그들이 어떤 장점을 발휘하는지를 잘 관찰하자.

조직이 자신의 강점을 파악하고 그것을 더욱 성장시키려는 노력을 기울일 때 조직은 긍정적으로 변화할 것이다. 강점을 잘 알고 있으면 취약하거나 문제가 자주 발생하는 지점도 강점을 활용하여 충분히 개선할 수 있다. 그리고 그런 사고의 전환을 수용하는 조직은 긍정적인 일터이다.

동료에 대한 관심과 감사하기

▼

▼

행복한 일터는 함께 일하는 사람과의 연결감, 협력적 관계, 활발한 소통이 존재한다. 회사는 일하러 오는 곳이기 때문에 일해주고 돈만 받아가면 그뿐이라고 생각하는 사람은 직장에서 행복하지 못할 것이다. 인간관계가 생략된 조직에서는 일터의 행복을 기대할 수 없다. 싫든 좋든 우리는 동료들과 서로 연결되어 있고, 그로인해 위로를 받기도 하고 상처를 받기도 한다. 행복한 일터가 되려면 동료와의 연결감이 절대적이다. 그리고 이것은 어느 한 사람의 노력이 아닌 각자의 노력이 모두 합쳐졌을 때 가능하다.

동료로 인해 일터에서 행복감을 느꼈을 때를 떠올려 보자. 그런 경험을 누구나 해봤을 것이다. 나의 경우는 내 말에 귀를 기울여주고, 어려움이 있을 때 걱정을 해주고, 도움을 요청했을 때 외면하지 않는 동료가 기억에 남는다. 주변에 이런 동료가 있다면 우리가 일터에서 겪는 부정적인 감정들은 상당 부분 해소될 수 있다. 그리고 동료와의 연결감은 일에 대한 의욕, 일터에 대한 소속감을 증대시켜 주기 때문에 나와 조직 모두에 이롭다.

[9]유방암 진단을 받은 54세의 여성 파멜라 버튼(Pamela Burton)은 항암치료를 받는 과정에서 완전히 탈모가 되었다. 직장을 다니고 있던 그녀는 몇 개월간의 휴직 기간을 끝내고 회사에 복귀해야 했지만, 출근 날짜가 다가올수록 파멜라의 걱정은 점점 커졌다. 머리카락이 없는 그녀의 모습에 동료들이 모두 놀랄 것이 뻔했기 때문이다. 하지만 그것은 괜한 우려였다. 막상 출근을 해보니 같은 팀에서 일하던 동료 4명 모두 그녀와 똑같이 삭발을 하고는 복귀를 환영해주었던 것이다. "너무 감동적이라 눈물이 쏟아졌어요. 말로 다 표현할 수 없었지요." 파멜라는 당시의 느낌을 이렇게 표현했다. 하지만 그녀의 동료 케이시(Kathy)의 말은 더욱 감동적이었다. "파멜라가 홀로 걸어가도록 놔둘 수 없었어요. 그래서 의심할

---

9 'Mercy co-works go bald for a cause' (2013. www.prweb.com)

행복한 일터의 조건

여지도 없이 우리도 삭발을 하기로 했지요.”

이런 소식은 왠지 마음을 따뜻하게 해준다. 당신 주변에 이런 동료들이 있다면 당신의 직장생활은 상당히 만족스러울 것이다. 더불어 나는 과연 그들에게 어떤 동료인가를 생각해보는 지혜 또한 필요하다. 일터가 행복해지려면 좋은 동료를 만나는 것도 중요하지만 내가 좋은 동료가 되려는 노력이 더욱 요구된다. 이렇게 각자의 노력이 합쳐졌을 때 일터는 긍정적으로 변화되고 행복한 직장생활이 가능해진다. 우리가 해볼 수 있는 몇 가지 일상의 노력을 소개해보고자 한다. 지금 그 자리에서 당신이 먼저 시도해봤으면 한다.

첫째, 동료에 대한 관심

주변에 누가 있는지 둘러보는 여유가 직장생활을 풍성하게 해준다. 오직 나에게만 관심을 두는 것보다는 타인에게 관심을 갖는 사람의 인간관계가 건강하다. 행여 관심을 타인에 대한 정보수집이나 간섭으로 생각한다면 그것은 심각한 오류이다. 관심은 상대방에 대해 내 마음속에서 일어나는 순수한 호기심이다. 동료에 대해 아는 만큼 동료를 배려하고 도울 수 있다. 만일 당신에게 아이가 있다면 더 잘 알 것이다. 아이에게 관심이 있는 부모와 관심이 없는 부모 중 누가 아이와 더 잘 지내는 지를 말이다.

타인에 대한 관심은 사람 사이에 일어나는 교류의 첫 단추이다.

관심을 갖게 되면 자연스럽게 대화의 소재가 풍성해진다. 성격에 따라 타인에게 말 걸기가 영 어려운 사람들이 있다. 앞에서 살펴본 내향성(introversion)을 가진 경우가 그렇다. 내향적인 사람들은 타인에게 가급적 말을 잘 걸지 않지만 말을 걸려고 해도 무슨 말부터 해야 할지 모르는 경우가 많다. 그런데 상대방에게 관심을 가지면 대화할 소재가 생긴다. 등산을 즐기는 동료나 요리를 배우고 있는 동료가 있다면 바로 등산과 요리에 대해서 물어보며 대화를 시작하면 된다. 서로에게 무관심한 일터는 삭막하지만 적절한 관심을 두고 함께 하는 일터는 행복하다.

둘째, 감사 표현하기

종교적으로 충만하거나 낙천적인 이들은 다른 사람들에 비해 감사하는 빈도가 매우 높다. 그들은 일상에서 겪는 부정적인 사건도 긍정적인 의미로 해석하며, 주변 사람들에게도 좋은 에너지를 전파한다.

상대방에게 감사하는 마음을 표현하면 상대방의 기분은 쉽게 긍정적으로 변화된다. 그러나 당연하다고 생각하고 감사를 표현하지 않으면 상대방의 기분은 쉽게 언짢아진다. 덤으로 두 사람 간의 관계도 불편해질 수 있다. 후배들에게 밥을 종종 사면서 겪은 경험이다. 밥을 살 때마다 매번 잘 먹었다며 감사를 표현하는 후배가 있었다. 사실 몇몇 후배는 당연히 선배가 사는 것으로 생각해서인지

별말 없이 자기 이쑤시개를 챙기는데 더 바빴지만 그 후배는 달랐다. 그때부터 이 후배를 볼 때마다 기분이 참 좋아졌다.

감사를 표현하는 행위는 이렇게 주변 사람들의 마음마저 훈훈하게 한다. 맹목적인 감사는 어렵지만 조금만 주의를 기울이면 일터에서도 감사할 일들이 의외로 많다. 상사, 동기, 부하, 협력사 직원, 고객 등 우리가 감사를 표현할 수 있는 대상은 주변에 차고 넘친다. 그들이 나에게 주는 불편함도 있겠지만 그들이 주는 고마움도 분명 있으리라고 본다. 그것을 찾아내는 것은 당신의 몫이다.

때에 따라서는 배우자나 자녀보다 더 많은 시간을 마주해야 하는 대상이 동료이다. 주변에 보기 싫은 사람이 많은 것보다는 그럭저럭 지낼 만한 사람이나 함께 할수록 좋은 동료가 많은 편이 훨씬 행복 친화적이다. 일터의 행복은 동료와 함께 만들어 가는 것이다.

자율성을 늘려 행복에 다가가기

누군가에게 구속받거나 명령에 의해 움직이는 삶을 희망하는 사람은 없다. 그것보다는 스스로 선택하고 판단하고 노력을 기울이는 과정에서 더 큰 기쁨을 느낀다. 바로 자율성(autonomy) 때문이다. 그런데 애석하게도 일터는 개인의 자율성을 확대시키기 보다는 기본적으로 자율성을 제한하는 곳이다. 특히 기업은 이익과 성장을 추구하는 집단이기 때문에 어느 한 개인의 잘못으로 인해 전체의 이익이 훼손되는 것을 극도로 경계한다. 기업의 이러한 태도는 조직운영을 위해서는 어쩔 수 없는 선택이기도 하다.

그런 점에서 개인과 일터의 갈등은 지속적으로 발생한다. 개인은 자율성을 희망하지만, 조직은 자율성을 제한한다. 우리가 일터에서 행복하지 않은 이유의 대부분은 실제로 자율성의 제약으로 설명될 수 있다. 그럼 우리는 일터에서 영원히 행복할 수 없는가? 그렇지 않다. 제한적이지만 자율성을 확대함으로써 종업원의 만족도를 향상시키고, 추가로 조직의 경쟁력을 높일 수 있다. 자기의 일과 일터에 만족하는 직원(행복한 직원)이 더 좋은 성과를 낸다는 것은 앞에서 이미 살펴본 연구결과이기도 하다.

자율성을 늘리기 위해서 우리 모두 해야 할 일이 있다. 내가 간섭 받고 통제당하기 싫어하는 것만큼 남들도 똑같다는 것을 이해하는 것이다. 우선, 기업의 문화가 자율성을 장려하는 방향으로 돌아간다면 더할 나위가 없을 것이다. 일례로 마이크로소프트에서는 개인 사정에 따라 출퇴근 시간을 자유롭게 설정할 수 있다. 또 정해진 책상이 있지 않고 자유롭게 원하는 자리에 앉아서 일할 수 있으며, 상명하복보다는 직급을 떠나 함께 일하는 특징을 가지고 있다. 가끔 이런 기업들의 제도와 문화를 보면 내가 일하고 있는 직장과 크게 동떨어진 것 같다는 생각이 들 것이다. 회사의 제도를 바꾸고 문화로 발전시키는 일은 장기적이며 시행착오가 필요하지만, 자율성을 통해 일터의 행복을 정착시키는 데 가장 중요한 부분이다.

조금 더 현실적인 방법을 살펴보자. 일하면서 권한이 없어 옴짝달싹 못해본 경험이 있는가? 상사에게 일일이 보고를 해야만 다음 단계로 넘어갈 수 있는 경험은 어렵지 않게 보게 된다. 사안에 따라 다를 수도 있겠지만 직원의 손과 발을 묶어놓고 창의성과 성과를 기대하는 것은 앞뒤가 맞지 않는다. 그럼에도 대부분의 일터는 자율성보다는 타율과 통제에 의해 움직이는 경우가 더 많다. 여러 가지 이유가 있겠지만, 우리의 일터가 이렇듯 통제를 지향하게 된 데에는 오래된 권위주의가 한몫을 하고 있다.

권위주의하에서는 자신의 권위를 부하를 위해서 사용하기 보다는 자신을 돋보이는데 사용할 확률이 높다. 자연스럽게 자신이 보유한 권한 일부를 떼어내 부하 양성을 위해 사용하는 것에 인색해진다. 여기서 악순환이 시작된다. 권한이 별로 없는 부하 역시 자신의 부하에게 권한을 주지 않을 뿐만 아니라 줄 권한도 없다. 그리고 그다음 부하 역시 자율성을 박탈당한다. 권한이 없으면 자율성은 사라진다.

자율성을 확대함으로써 행복한 일터가 되려면 경영진, 관리자 등 상사가 먼저 나서야 한다. 윗선에서 부하에게 자율성을 어느 정도 보장해주지 않으면 부하들이 스스로 자율성을 확보하는 것은 매우 제한적일 수밖에 없기 때문이다. 1만 원도 내 마음대로 사용할 수 없는 부하는 1만 원이 넘는 예산이 필요할 때마다 상사의 허락을 받아야 할 것이다. 상사 입장에서는 매번 승낙을 얻기 위해 오는 부하를 보면 뿌듯할지 모르겠지만 부하는 위축되고 불행하다.

혹자는 이런 말을 한다. "부하가 미숙하기 때문에 권한을 줄 수 없고, 그렇게 권한을 다 주면 내가 위태로워집니다." 정말 그렇게 생각하는가? 몇 번 넘어져 봐야 제대로 걷는 법을 배우는 것처럼 미숙한 부하도 권한을 갖고 일하다 보면 곧 숙련된 부하가 될 수 있다. 또 현명한 상사는 나의 권한을 떼어내서 부하에게 주더라도 권한이 줄어든다고 생각하지 않는다. 권한은 정량적이지 않다. 10개의 권한 중 2개를 주면 나에게 8개만 남는 것이 아니다. 부하가 2개를 가지고 나름의 성과를 만들어 내면 상사의 권한은 더 커지고 넓어진다.

나는 실제로 이런 경험을 해보았다. 당시 새로운 협력업체를 구하는 일이었는데 부하에게 가능성이 있다고 판단되는 거래선을 스스로 선택해서 추진하게 했다. 가격흥정과 기타 거래조건 등에 대해서는 미리 명확한 기준을 알려준 후 권한을 줬고, 최종 단계에서만 내가 나서기로 했다. 그리고 한참을 지켜봤다.

그런데 생각지도 않았던 일이 일어났다. 상당히 높은 수준의 거래선과 좋은 조건으로 계약을 할 수 있는 상태로 만들어 온 것이다. 나는 더 중요하고 신중을 기하는 일에 집중할 수 있었고, 부하 덕분에 우수한 업체와 인연을 맺게 됐다. 부하에게 권한을 주고 기다린 덕분에 부하는 일을 더욱 의욕적으로 했고 더 성장했다. 부하가 미숙하기 때문에 자율성을 제한해야 한다고 판단하기 전에 나는 과연 부하를 믿고 기다려 줄 수 있는가를 동시에 고민해보는 것이 필요하다.

게다가 권한은 양보다 질이다. 자잘한 것을 많이 갖고 있다고 해서 권한이 많은 것이 아니다. 상사가 사원이 하는 일까지 일일이 쥐고 있으면 도장 찍을 일은 많아도 권위는 오히려 떨어진다. 그러므로 권한을 조금 떼어내서 부하의 자율성을 늘려주는 일에 인색할 필요가 없다. 자신을 믿어주고 맡겨주는 상사를 위해 일하는 부하가 주변에 많을수록 성과와 함께 일터의 행복도 상승할 것이다.

CHAPTER 03

당신을 둘러싼

개인적 환경

날아드는 청구서에 무너지는 일터의 행복

가난해도 행복할 수 있다면 그 사람은 부처

당신의 탈 것보다 더 좋은 동료의 자동차

행복한 부부, 갈등하는 부부

날아드는 청구서에
무너지는 일터의 행복

거대한 댐의 붕괴도 작은 균열에서 시작되듯 인간의 행복도 작은 생활사건(life event)에 큰 영향을 받는다. 생활사건은 우리가 일상을 살아가면서 겪게 되는 긍정적 혹은 부정적인 일들을 말하며, 이런 생활사건이 모여 우리가 살아가는 환경을 구성한다. 긍정적이거나 부정적인 생활사건 중 어떤 일이 더 자주 발생하는지에 따라 우리의 환경은 양호하거나 열악한 상태가 된다. 그중에서도 돈(money)은 사람들에게 있어서 부정적인 생활사건의 단골 소재이다.

대부분 사람들은 돈 문제로부터 그다지 자유롭지 못하다. 부자가 되기를 희망하면서 동시에 가난해지지 않기 위해 평생 노력해야 하는 것이 보통사람들의 삶이다. 돈 문제는 오랫동안 우리의 머리를 지끈거리게 만드는 주범이다. 우리가 살면서 겪는 많은 생활사건은 이처럼 돈과 연결되어 있는 경우가 많다.

일터의 행복 역시 돈 때문에 발생하는 다양한 생활사건의 영향으로부터 자유롭지 못하다. L사의 김 과장은 미모의 미혼여성이자 사내에서 패셔니스타 겸 럭셔리로 통한다. 신상에 민감하고 좋은 제품이라고 판단되면 가격에 상관없이 선뜻 구매한다. 해외여행도 마음이 끌리면 쉽게 떠나고, 화끈한 성격 탓에 주변 사람들에게 선심도 자주 베푼다. 개성 있고 당당하게 사는 모습은 주변 동료들에게는 부러움의 대상이다.

그런데 김 과장은 늘 날아오는 청구서 앞에서 무너진다. 청구서는 매번 사용한 금액보다 더 나오는 듯하고, 결제 일자는 생각보다 빨리 다가온다. 품위유지를 한 죄밖에 없는데 마이너스 통장의 잔고는 멀리 달아나고 있다. 연봉도 남들만큼 받는 편이지만, 씀씀이를 감당하기에는 부족하기만 하다.

소비는 미덕이라고 했던가? 그런데 외상은 미덕이 아니다. 이렇게 저렇게 뜻이 있어서 돈을 썼겠지만, 늘 돈이라는 놈은 우리의 뒤통수를 친다. 특히 청구서가 우리를 맥 빠지게 만든다. 잘 관리하며 살아도 돈은 한평생 부정적 생활사건을 채우는 단골 메뉴이다. 그런데 여기에 계획 없는 소비까지 가세를 하면 결코 돈 문제로부터 자유로울 수 없게 된다. 크고 작은 일들이 곳곳에서 터지기 시작하고 업무에 집중하기도 힘들어진다.

K사의 박 부장은 부족한 자금문제를 메우기 위해 주식에 손을 댔다. 처음에는 짭짤하게 재미를 봤는데 지금은 내리막이라 안절부절못하고 있다. 수시로 자리를 비우고 주식거래를 하느라 분주하다. 일이 제대로 될 리가 없다. 윗선에서는 김 부장이 나사가 하나 빠진 사람 같다는 소문이 돌고, 부하직원들은 주식 장세에 따라 기분이 들쭉날쭉한 김 부장 눈치를 보느라 피곤하다.

일터의 행복은 거창하지 않다. 엄청난 것을 이루거나 완성해야만 찾아오는 것도 아니고 대단한 것을 잃고 좌절해야 사라지는 것도 아니다. 별 거 아닌 것으로부터 소소한 행복이 찾아오고, 사소한 것으로 인해 행복은 상처받고 위축된다. 일터에서 받는 스트레스를 돈 쓰는 것으로 푸는 것도 나쁘지는 않지만, 그것은 더 많은 부정적 생활사건을 불러일으키는 원인이 된다. 날아드는 청구서 때문에 허탈감은 늘어나며, 다른 계획들까지 종종 차질을 빚게 된다.

이 모든 생활사건을 통제할 수는 없지만 분명 스스로 통제할 수 있는 부분도 존재한다. 규모 있고 감당 가능한 수준의 씀씀이는 돈 문제로 인한 부정적인 생활사건을 조절하는 데 크게 기여한다. 나는 종종 강의를 할 때 청중들에게 수년 안에 이루고 싶은 개인적인 소망을 쪽지에 적어볼 것을 요청한다. 그럴 때마다 자동차 할부, 담보대출 등을 끝내고 싶다는 '빚 청산'은 빠짐없이 등장한다.

소비의 합리화는 인간의 마음속에서 자연스럽게 일어난다. 모든 소비에는 나름 타당한 이유와 합당한 논리가 있다. 심리학에서는 이런 자기 정당화의 심리를 '인지 부조화'로 설명한다. 인지 부조화(cognitive dissonance)를 아주 쉽게 말하면 '내 마음속에 있는 이성과 감성이 충돌할 때 감성에 져놓고서는 나는 이성적으로 행동했다고 우기는 행위'이다(물론 이성과 감성이 서로 바뀌는 경우도 해당된다). 예를 들어, 멀쩡하게 있는 TV를 놔두고 더 좋아 보이는 최신형 TV를 선뜻 구매한다. 그리고는 최신형 TV가 비록 비싸지만 더 실감 나기 때문에 집에서 영화를 더 자주 보게 될 것이고, 그러면 영화관에 가서 쓰는 돈을 절약할 수 있으니까 장기적으로는 손해가 아니라 오히려 이득이라고 결론을 내린다.

소비, 달리 말해 쇼핑은 행복을 증진한다. 쇼핑이라고 하면 사치품을 구매하는 것만을 의미하지는 않는다. 나 또한 마트에서 물건을 구매하면 행복하다. 소비의 합리화를 나쁘게만 볼 것은 아니다. 가끔 누리는 작은 사치(small luxury)가 우리를 행복하게 해주는 것은 분명하다. 문제는 큰 사치 혹은 잦은 사치이다. 정확히 말해 수입과 어울리지 않는 구매 혹은 나의 수입이 늘 부족하게 느껴질 만큼의 과하고 잦은 소비는 지양해야 한다. 당장 행복하기 위해 쇼핑을 하지만 결국 일터의 행복을 저해하는 부메랑이 된다는 현명하고 이성적인 판단이 일터의 행복을 지켜준다는 사실을 잊지 말자.

가난해도 행복할 수 있다면
그 사람은 부처

복권당첨자가 다시 빈털터리로 전락했다거나 재산 싸움으로 집안이 쑥대밭이 됐다는 부잣집 이야기 그리고 갑부가 돈을 지키는 문제로 잠 한숨 편히 못 잔다는 소리를 들어 보았는가? 이런 종류의 소식이 간혹 뉴스에 등장할 때마다 당신의 마음 어딘가에 있는 두 가지 생각이 충돌할 것이다. 돈이 행복을 가져다주지 않는다는 생각과 그럼에도 불구하고 제발 돈이라도 좀 많았으면 좋겠다는 생각 말이다. 돈은 행복에 어떤 영향을 미칠까? 앞서 크고 작은 생활 사건의 단골 메뉴가 돈 때문이라는 것에 동의하는가? 그렇다면 돈과 행복의 관계에 대해 좀 더 귀를 기울여 보자.

많은 사람이 지갑이 두둑할 때는 자신감이 생기지만, 돈이 없으면 위축된다. 실제로 돈이 사람들의 자신감을 상승시킨다는 과학적인 연구결과도 많다. 그런데도 우리는 돈이 행복을 가져다주는 것은 아니라고 믿고 싶어한다. 그 이유는 현재 내가 충분히 여유롭지 못한 상태이거나 세상이 너무 삭막해질지도 모른다는 우려 때문일 수도 있겠다. 그러나 분명한 것은 돈은 인간의 행복에 꽤 많은 긍정적 효과를 불러온다는 것이다. 혹시라도 지금껏 복권 당첨자의 불행이나 형제간의 재산 싸움 그리고 방글라데시의 행복도가 무척 높다는 기사에 익숙해 있다면 다른 한쪽도 살펴봐야 할 필요가 있다.

최근 돈과 행복에 대한 연구에서 속속 밝혀지고 있는 것을 나열해보면 다음과 같다. 우선, 복권에 당첨되지 못한 사람보다 복권 당첨자가 더 행복하고, 그 행복감도 장기간 지속된다. 복권에 당첨됐다고 모두 방탕한 생활에 빠지는 것도 아니고 주변 사람들에게 사기를 당하지도 않는다. 실제로 내가 해외에 거주하는 후배에게서 들은 소문에 의하면 우리나라 복권당첨자 중 한 명이 이민을 가서 빌딩을 구매한 후 임대사업을 하며 잘 살고 있다고 한다.

그다음으로는 부유한 나라의 국민들이 가난한 나라의 국민보다 평균적으로 삶의 만족도 수준이 높다는 것이다. 질병과 전쟁의 공포 그리고 기초교육과 끼니 걱정으로 허덕이는 국민들의 고단한 삶을 생각해보면 충분히 그럴만하다. 그리고 최근 독일에서 진행된 한 연구에서는 삶의 만족도가 수입에 따라 증가한다는 사실을 발견했다. 연봉이 3천만 원인 사람보다는 7천만 원, 그보다는 1억 그리고 2억 원이 넘는 사람들의 삶에 대한 만족 수준이 각각 연봉이 적은 사람보다 컸다. 연봉이 어느 수준이 되면 행복은 멈춘다는 내용도 굳건히 믿을 진실은 아닌 것이다.

한번은 후배가 이런 말을 한 적이 있다. "직장생활을 취미로 할 수 있으면 좋겠어요. 반드시 해야만 하는 그런 의무 말고요. 하기 싫으면 안 해도 되는 취미 말이죠." 나도 그랬으면 좋겠다. 돈이 많으면 직장생활에 매달리지 않아도 되고 선택권이 생긴다는 말일 것이다. 부자는 실제로 가난한 사람보다 더 넓고 다양한 선택권을 가진다. 라면과 국수 중 무엇을 먹어야 할지 고민하는 것이 아니라 라면에서 최고급 스테이크까지 고를 수 있는 메뉴 선택의 폭이 훨씬 넓고 다양하다. 인생을 살면서 이런 충분한 옵션을 가지고 있다는 것은 크고 작은 생활사건에 보다 유연하게 대처할 수 있음을 의미한다.

돈이 많으면 큰 수술을 앞둔 가족에게 돈 걱정하지 말고 입원하라고 말할 수 있다. 또한, 건강상의 이유로 요양이 필요할 때 한동안 조용한 곳으로 훌쩍 떠나 몸을 추스를 수도 있다. 이렇게 돈은 인간의 행복에 기여한다.

그 외에 또 무엇이 있을까? 돈은 인생을 좀 더 여유롭게 바라볼 수 있는 여백을 제공해 준다. 옛말에 '곳간에서 인심이 난다'고 했다. 내가 좀 넉넉해야 남 줄 것도 있기 마련이다. 허기지고 힘겨울 때 남을 돕는 것은 현실적으로 어렵다. 선진국이 빈곤 국가에 더 많은 물자와 지원을 하는 이유를 생각해보자. 같은 아프리카 지역 내 국가들이 이웃 국가의 어려움을 더 깊이 공감하고 있지만 그들도 누구를 도울만한 상황이 아니다. 마음은 있어도 곳간이 비어 있기 때문에 인심을 쓰기에는 한계가 있다.

모든 경우에 해당하는 것은 아니지만 물질적으로 여유 있는 사람이 직장생활에서 겪는 스트레스가 가난한 사람보다 더 적다. 그들은 추가근무 수당이나 더 높은 급여를 위해 여가와 휴식을 포기하며 무리하게 일하지 않아도 된다. 부모님 치료비를 보태기 위해 혹은 아이의 학비를 마련하기 위해 퇴근 후 이를 악물고 아르바이트를 하지 않아도 된다. 이런 말을 하는 나도 마음이 몹시 씁쓸하지만, 돈이 가져다주는 혜택을 애써 무시할 필요는 없다.

그렇다고 돈이 모든 문제를 해결하는 것 또한 아니다. 돈의 혜택을 누리는 사람도 있지만, 넉넉히 가졌음에도 불구하고 그렇지 못한 사람들도 얼마든지 많다. 반대로 넉넉하지는 못하지만, 인생을 즐기며 직장에서도 몰입하며 즐겁게 일하는 사람들 또한 충분히 많다.

돈과 행복에 있어서 또 중요한 요소는 바로 넉넉함에 대한 주관적인 느낌이다. 쉽게 말해서 욕망의 정도가 부자와 빈자를 결정하는 절대적인 요소인 셈이다. 아무리 많이 벌어도 욕망의 크기가 상대적으로 크면 그 사람은 돈이 주는 혜택을 제대로 누리지 못하고 불만 속에서 생활할 것이다. 그러나 자신의 수입에 어울리는 절제된 생활을 하며 살아가는 사람은 욕망으로 인한 부족함에 시달리지는 않을 것이다.

나는 부자는 행복한 직장생활을 하고, 가난하면 불행한 직장생활을 할 수밖에 없다는 주장을 펴고자 하는 것이 아니다. 일반적으로 부자가 빈자보다 더 여유롭기 때문에 행복에 더 유리한 환경을 갖고 있음을 말하고 싶다. 그러므로 넉넉하지 못한 자신을 탓하거나 부모님을 원망할 필요는 없다.

지금 일터에서 행복하지 않다고 느낀다면 자신의 재정 상태를 고려할 수 있어야 한다. 그러한 생각이 빈자를 부자로 바꿔줄 수는 없겠지만 적어도 자신을 이해하는 괜찮은 도구가 될 것이다. 희망적인 소식도 하나 있다. 돈의 많고 적음도 중요하지만, 사람들은 돈을 버는 과정에서 즐거움을 느낀다고 한다. 통장에 잔고가 늘어가고 대출금이 조금씩 줄어들 때의 기분을 떠올리면 된다. 한 방에 많이 벌어야만 행복한 것은 아니다.

악착같이 돈을 버는 것도 즐거움이 될 수 있다. 넉넉한 베짱이가 여전히 부럽긴 하지만 인내하는 개미가 되는 것도 그리 나쁘지 않다. 지금 부자는 아니지만 좀 더 넉넉해지기 위해 흘리는 땀이 곧 행복이 될 수 있음을 긍정적으로 받아들였으면 한다. 그렇게 그 과정을 즐길 수 있다면 당신은 일터에서 꽤 행복할 것이다. 그러나 가난을 원망하며 돈을 숭배한다면 부자가 되기 전까지는 일터에서 그다지 행복할 수 없을 것이다.

당신의 탈 것보다
더 좋은 동료의 자동차

아는 사람이 대박을 터뜨렸다는 소식에 기뻐하거나 친구의 성공에 진심으로 행복해한다면 당신은 심리적으로 큰 부자이다. 그러나 많은 사람은 그렇게 하는 것이 멋지다는 것을 알면서도 마음 한편에서 꿈틀대는 불편함을 무시하지 못한다. 때에 따라서는 사촌이 땅을 사면 그 땅이 평생 개발제한지역으로 묶여 있어야 그나마 작은 위로가 될지도 모른다. 나보다 너무 잘 나가는 상대방은 나를 초라하고 힘들게 만든다.

비교하는 태도는 인간의 기본적인 사회적 특성 중 하나이다. 사람들은 쉽게 그리고 늘 남과 비교를 하며 살아간다. 그런데 비교에는 좋은 비교와 독이 되는 나쁜 비교가 있다. 우선 좋은 비교는 긍정적이며 성장 지향적인 특성을 갖는다. 예를 들어 어떤 축구선수가 자신보다 뛰어난 기술과 능력을 갖춘 동료를 인정하고 배우고자 하는 열의를 갖는다면? 그 선수는 축구기술의 향상뿐만 아니라 인성도 성숙해질 것이다. 상대를 인정하고 배우고자 했기 때문에 긍정적인 생각과 긍정적인 관계 유지에 더 용이하다. 덤으로 행복감도 따라온다.

반면, 나쁜 비교는 아주 다르다. 나쁜 비교는 부정적이며 퇴행적인 특성을 갖는다. 우선 자신보다 뛰어난 동료를 인정하지 않는다. 부모를 잘 만났거나 감독이 편애한다거나 운이 좋았을 뿐이라고 폄하한다. 게다가 지금의 상황이 마음에 들지 않기 때문에 상대방을 밟고 올라서거나 상대방을 추락시키는 상상을 하게 된다. 이런 부정적인 생각은 상대방과 부정적인 관계를 형성하기 쉽다. 발전은 없고 다분히 퇴행적이다. 나보다 잘하는 동료를 생각하면 화가 나거나 우울해진다. 행복은 달아나고 불행감이 그 자리를 메운다.

남보다 가난해서 행복한 사람은 없다. 사람들은 남보다 내가 더 부유하고 잘 나갈 때 행복하다. 이런 인간의 심리가 나쁜 비교를 더 당연한 것으로 받아들이게 했는지도 모른다.

[10]비교는 가족이라고 해서 예외가 아니다. 가족 간에도 배우자가 더 많은 월급을 받을수록 자신의 직업에 대한 만족도가 낮아진

---

10 『행복의 함정』 P78 참조. (리처드 레이어드 저. 2011. (주)타임교육)

다고 한다. 또한, 여성들 사이에서는 여동생의 남편이 자기 남편보다 돈을 더 많이 벌 때 아내가 맞벌이하는 비율이 높다는 연구결과도 있다. 사람들은 자신의 소득에 대한 절대적인 수준이 아닌 상대적인 수준에 더 민감하다.

회사에서도 유사한 상황이 발생한다. 회사 사정이 어려워 전체적으로 연봉이 삭감되는 것은 감내할 수 있지만, 나만 연봉이 삭감되는 상황은 모욕적으로 받아들인다. 또 나보다 다른 동료의 연봉이 더 크게 인상되는 상황 또한 견디기 힘들어한다. 다 함께 어려워지는 상황은 견딜 만하지만, 나보다 남들이 더 넉넉해지면 슬픈 현실이 되는 것이다.

긍정적인 비교를 제외한 대부분의 비교는 사람들을 유쾌하게 해주지 못한다. 나와 타인을 비교하는 습관은 장기적으로는 자기 파괴적인 것이 될 수 있다. 비교를 통해 내가 우위에 있다고 판단된다면 우월감에 빠질 수 있고, 반대로 내가 열위에 있다고 판단하면 열등감에 빠질 수 있기 때문이다. 우월감은 쉽게 추락할 수 있는 위태로운 줄타기와 같다. 비교가 언제나 나에게 유리한 결과만을 안겨주지는 않을 것이기 때문이다. 게다가 우월감에 빠진 사람은 주변 사람들의 지지를 얻기 힘들고 거부감이 드는 인물로 인식되기 쉽다.

반대로 열등감은 깊은 우물에 갇혀 있는 꼴이 되게 만든다. 실제로는 우물 밖으로 나갈 수 있지만 자신의 힘으로는 도저히 탈출할 수 없다는 열등감의 우물 말이다. 두 가지 생각 모두 나를 있는 그대로 받아들이지 못해서 발생하는 감정이다. 남보다 더 뛰어나다는 착각 혹은 남보다 훨씬 못하다는 착각이 만들어내는 불행감의 씨앗은 바로 비교이다.

일터에서도 이런 부정적인 비교는 자주 일어난다. 경쟁이 필연인 조직 생활의 특성상 비교로부터 자유로울 수 있는 사람은 거의 없다. 김 대리와 박 대리, 이 부장과 최 부장, 김 이사와 정 이사도 자연스럽게 비교의 대상이 된다. 비교를 통해 더 우수한 성과와 평판을 얻는 사람이 한 계단 더 오르는 것이 조직의 생리이다. 그러나 이런 필연적인 비교 외에 습관적으로 하는 나쁜 비교는 직장생활의 고단함 위에 더 무거운 짐을 올려놓는 일이 되고 만다.

기업교육을 업으로 하는 나 또한 예외가 아니다. 흔히 말하는 산업 강사(주로 기업을 대상으로 교육서비스를 제공하는 전문강사)는 경쟁이 그 어느 분야보다 치열한 영역에 속하는 직업군이다. 교육이 끝난 후 우리는 쉽게 남과 비교된다. 강의를 마치고 거의 즉시 진행되는 강의평가는 큰 부담이 아닐 수 없다. 작년에 온 강사가 잘 했는지 오늘 내가 한 강의가 더 좋았는지는 다음에 다시 이곳에 올 수 있는지를 결정하는 기준 중 하나가 된다. 강의를 마치고 즉시 비교되고 평가되는 이런 특성으로 인해 큰 꿈을 가졌지만 제대로 펼쳐보지 못한 채 꿈을 접는 후배들이 허다하다. 오직 1%의 강사만이 살아남는다는 말이 있을 정도로 살벌하고 냉정한 곳이 바로 산업교육계이다.

그래서 산업 강사는 나와 다른 강사를 비교하고 비교당하는 것에 익숙해져야만 한다. 그리고 긍정적인 비교를 통해 자신을 담금질하고 변화를 모색하려는 노력을 멈추면 안 된다. 만일 부정적 비교를 자주 한다면 제대로 된 발전을 이루기 힘들다. 나 또한 한때 부정적 비교에 빠진 적이 있었다. TV에 자주 등장하는 스타강사의 강의를 듣고 있노라면 그들이 온통 거품투성이며 제대로 한 판 붙는다면 나의 강의 실력으로 처참히 무너뜨릴 수 있다고 생각했었다.

그러나 부정적 비교는 나에게 큰 도움이 되지 못했다. 분노와 오만이 기초가 된 자신감은 그다지 견고하지 못했다. 행여 누구보다 낮은 평가를 받을 때에는 화가 치밀고 인정할 수 없었다. 모든 강의가 전쟁 같았고 항상 최고가 되려고 신경을 곤두세웠다. 강의는 나의 천직이자 행복의 원천이라고 생각했었는데 어느 새 피 흘리며 치르는 전투로 변질되어 있었다. 일을 즐길 수 없었고 그때만큼은 강의를 통해 행복해지지 못했다. 나는 일터의 행복을 전파하는 사람이었지만 아이러니하게도 일로 인해 고통받는 사람이 되어 있었다.

부정적 비교는 행복을 밀어내고 그 자리에 불행을 초대하는 나쁜 습관이다. 누구든 부정적인 비교를 습관처럼 한다면 일터에서 결코 행복해질 수 없을 것이다. 마음에서 이루어지는 부정적 비교는 우리를 행복과 멀어지게 한다. 내 차보다 더 좋은 동료의 자동차는 그냥 동료의 자동차일 뿐이다. 언젠가 더 비싼 자동차로 코를 납작하게 만들어 놓겠다는 생각도, 내가 타는 자동차는 달구지에 불과하다는 생각도 모두 부정적 비교로부터 시작됨을 잊지 말자.

행복한 부부,
갈등하는 부부

일반적으로 한 사람의 인생사에 있어서 결혼은 가장 중요한 전환점이다. 그리고 결혼 이후의 삶에는 부부간의 애정이 행복의 중심에 위치한다. 부부간의 신뢰와 애정 어린 관계는 배우자 한 쪽 혹은 함께 겪을 수 있는 삶의 역경을 극복할 수 있게 해주는 힘이 된다. 또한, 행복한 부부관계는 직장생활에서 받은 스트레스를 이완시켜주고 재충전할 수 있도록 돕는 삶의 에너지가 된다. 동서고금을 막론하고 행복한 부부관계의 중요성은 인간의 행복한 삶과 성공적인 인생의 필수 요소로 언급되고 있다.

다수의 행복연구에서 일관성 있게 나타나는 결과로 보면 미혼자보다 기혼자의 행복도가 더 높다. 그러나 모든 기혼자가 미혼자보다 행복한 것은 아니다. 결혼 자체만으로는 행복이 보장되지 않는다. 오히려 결혼이 더 불행한 상황을 초래하기도 한다. 갈등하는 부부가 그런 경우이다. 갈등하는 부부 즉, 고통스러운 부부관계에 놓여있는 사람들의 행복 수준은 혼자 사는 노총각(행복 수준이 가장 낮은 것으로 보고 됨)보다 낮으며 기혼과 미혼을 통틀어 최하위이다. 잘 살면 결혼하는 것이 더 좋은 일이지만 제대로 살지 못하면 결혼은 불행의 씨앗이 될 수 있다.

갈등하는 부부관계는 가정 내에서 행복하지 않은 것뿐만 아니라 일터의 행복에도 부정적 영향을 미친다. 부부관계가 흔들리는 사람이 일터에서 행복감을 느끼며 일하기는 사실상 쉽지 않다. 사람의 감정은 상황에 따라 쉽게 변화되지 않고 끊임없이 앞뒤 상황에 영향을 주고받는다. 웃는 얼굴로 누군가와 마주해야 하는 상황이 오더라도 바로 앞서 슬픈 상황에 놓여 있었다면 우울한 표정에서 벗어나기가 쉽지 않다.

어떤 일로 인해 화가 잔뜩 난 사람은 그 기분이 한동안 유지되고 애꿎은 대상에게 분풀이할 확률이 높다. 화가 잔뜩 난 상사에게 결재서류를 올려야 하는 상황이라면 조금 잠잠해진 이후에 들이미는 것이 훨씬 현명한 이유이기도 하다.

기혼자의 경우 부부관계는 일터의 행복을 좌우하는 가장 큰 외부요인이 될 수 있다. 만일 크게 부부싸움을 하고 출근을 해본 경험이 있다면 그날의 기분이 쉽게 좋은 방향으로 전환되지 않는 다는 것을 경험으로 알고 있을 것이다. 가끔 발생하는 다툼은 대수롭지 않겠지만 갈등이 만성화되고 다툼이 일상화된다면 일터의 행복은 부부관계를 개선하지 않고서는 기대하기 어렵다.

더군다나 일터에서 긍정적인 상태가 아닌 부정적인 상태에 지속해서 처하게 된다면 개인의 능력도 제대로 발휘될 수 없다. 능력 발휘가 안되다 보면 실적이나 평판이 나빠지고 그로 인해 일터에서 좋은 에너지를 얻을 수 없게 된다. 결국, 그 스트레스는 고스란히 다시 가정으로 연결된다. 평상시라면 웃으며 넘어갈 잔소리에도 민감하게 반응할 수 있고, 부부관계는 아주 사소한 일에도 쉽게 끓어오를 수 있다. 그리고 가정에서 발생한 스트레스는 다시 일터로 연결되고 또 가정으로 이어지면서 지속적인 순환적 스트레스 구조에 갇히게 된다.

내가 직장생활을 한참 하던 때의 일이다. 관리부 김 과장은 성실하고 일 처리가 꼼꼼한 사람이었다. 그런데 언제부턴가 점심 식사 이후에 사라지기 시작했다. 처음에는 한두 시간이었는데 시간이 점점 길어졌고 어떤 날은 오후 내내 보이지 않았다. 그런 상태가 몇 주 계속되자 사람들이 수군대기 시작했다. 몸에서 술 냄새가 심하게 나는 걸 보아 알코올 중독자라고 말하는 직원들도 많았다. 또 최근 휴대폰에 대고 언성을 높이는 것을 보니 빚 독촉에 시달린다는 말도 있었다. 성실하고 일 처리가 꼼꼼하다는 그동안의 평가는 사라지고 온갖 나쁜 말들이 김 과장을 설명하는 용어로 채택

되었다.

그렇게 몇 달이 지난 후 돌연 김 과장이 사표를 제출했다. 몇몇 동료들의 만류에도 불구하고 김 과장은 한동안 쉬고 싶다는 말과 함께 회사를 떠났다. 나중에 알게 된 일이지만 김 과장은 이혼소송을 진행 중이었다고 한다. 부부갈등이 심각했고 소송 진행으로 변호사의 전화를 받거나 일이 꼬일 때마다 술을 마시고 소리를 질렀던 것이다. 그래서 종종 회사에 들어올 수 없는 상황에 놓이게 되었다. 일 잘하고 성실하던 김 과장은 갈등하는 부부관계로 인해 정상적인 회사생활을 할 수 없었다. 가정의 불행으로 인해 일터의 행복을 지키기 어려웠던 것이다.

반면, 행복한 부부관계는 일터의 행복에 큰 보탬이 된다. 부부관계가 원만하면 일터에서 받은 스트레스가 가정에서 더 악화되지 않고 적절히 해소되거나 완화되기 때문에 재충전에 큰 도움이 된다. 고무줄을 너무 오랫동안 당기고 있으면 늘어나서 원래 모양을 잃고 제 기능도 발휘할 수 없게 된다. 세게 당겼던 고무줄을 다시 놓아줘야만 제 모양으로 돌아오는 것처럼 우리를 계속 긴장시키고 불편하게 했던 스트레스가 가정에서 적절히 풀려야만 우리의 심리상태도 안정적인 수준으로 돌아올 수 있다.

행복한 부부관계 하에서 가정은 그 어느 곳보다도 훌륭한 이완 작용을 수행한다. 집이 마음 편한 휴식처가 될 때 우리는 밖으로 나가 일할 힘을 다시 얻는다. 심리학자 프로이트는 인간의 삶에 있어서 일과 사랑을 가장 중요한 것으로 보았다. 일과 사랑은 인생의 가장 중요한 중심축이다. 한 쪽이 병들면 우리의 삶도 시들해진다. 기혼자라면 원만하고 행복한 부부관계를 유지하고 회복시키기 위해 성심을 다해야 한다. 부부의 행복이 없이는 일터의 행복 또한 자취를 감추게 된다는 중요한 삶의 원리를 이해하는 것이 필요하다.

개인의 환경을 좀 더 행복하게 바꾸고 싶다면

욕망의 크기를 조절하자

얼마의 돈이 있어야 돈 문제로부터 해방이 될까? 정해진 금액이 있다면 좋겠지만 그 액수는 욕망의 크기에 따라 다를 것이다. 월수입이 300만 원인데 매달 30만 원을 저금하며 사는 사람도 있지만 월수입이 1,000만 원인데 매달 300만 원의 적자를 내며 불안하게 사는 사람도 있다. 후자의 경우 자신의 재정적 문제를 해결하려면 어떻게 해야 할까?

우선 수입을 늘리는 방법을 생각해 볼 수 있다. 수입을 늘린다는 것은 더 많은 시간을 일해야 함을 의미한다. 부업을 알아보든가 추가수당이 나오는 일을 선택하든가 사업을 확장해야 한다. 결국 더 많은 시간을 노동에 투입해야 하므로 소득이 다소 늘어날지는 모르겠지만 스트레스는 필연적으로 증가할 것이다.

돈을 많이 벌어야 돈 문제가 해결될 것이라는 생각은 어느 정도만 맞을 뿐이다. 그 이유는 수입이 적을 때는 필요한 것도 사지 않을 만큼 욕망을 억누르지만 수입이 증가하면 그동안 눌려있던 욕망이 빗장을 풀기 때문이다. 우리가 보너스를 받기 전에는 알뜰하게 생활을 하다가 보너스를 받는 달에는 평소에 가고 싶었던 곳으로 여행을 떠나는 이유도 이 때문이다.

  소득이 늘어나면 욕망도 덩달아 보조를 맞춘다. 소득이 증가할수록 욕망도 함께 증가한다는 연구결과는 많다. 일례로 미국인을 대상으로 한 갤럽조사에서 "당신이 속한 사회에서 잘 살아가기 위해 4인 가족이 생활하는데 필요한 최소한의 비용은 얼마라고 생각하십니까?"라는 질문에 대한 대답을 30여 년간의 변화 추이로 살펴보았다. 그 결과 그들의 실질소득이 증가하는 만큼 필요하다고 생각하는 최소비용도 함께 증가했다.

  우리는 더 가지고 더 풍요로워질수록 그에 해당하는 욕망과 눈높이도 동반상승한다. 주부 알뜰 소시지를 아는가? 슈퍼마켓에 가면 어린아이 팔뚝만 한 크기의 분홍색을 띠는 매우 저렴한 소시지가 있다. 30~40년 전 이 소시지에 달걀을 입혀서 도시락 반찬으로 가지고 가면 그날 교실에서 가장 중요한 인물이 되곤 했다. 도시락 뚜껑을 여는 순간 소시지는 쉽게 친구들의 표적이 되었다. 적어도 나의 학창시절에는 그랬다.

그런데 지금은 어떤가? 어느 누가 주부 알뜰 소시지에 열광하는가? 진짜 돼지고기로 만든 더 좋은 소시지가 이미 그 자리를 차지해버린 지 오래다. 소득이 증가하고 생활수준이 높아짐에 따라 우리의 욕망이 열광의 주부 알뜰 소시지를 저렴한 추억의 반찬 정도로 평가절하시켰다. 소득이 증가할수록 우리의 욕망도 이에 질세라 덩달아 증가한다.

갚아야 할 빚이 수십억 원이 넘는 것으로 더 유명한 이상민 씨는 90년대 인기 절정의 아이돌 그룹 룰라의 리더였다. 그는 연예기획사를 창업하고 빠르게 성공 가도를 달렸다. 지금의 JYP, YG 보다 더 잘나가는 회사였다고 한다. 이상민 씨는 모 예능프로그램에서 당시를 회고하면서 쇼핑을 한 번 할 때 2천만 원 정도를 썼다고 털어놨다. 양복도 수백만 원이 넘는 것만 고집했고, 무엇이든 최고급이 아니면 성에 차지 않았다고 한다.

그러던 그가 지금은 저가 쇼핑에 푹 빠져 있고, 한 달 생활비로 100만 원 정도를 쓴다고 한다. 요즘 생활이 나름 즐겁고 감사하다고 말한다. 또, 빚을 다 갚으면 새로운 인생이 시작될지도 모른다는 희망에 찬 메시지도 남겼다. 이상민 씨의 경우를 보며 수입이 얼마인지 보다는 욕망의 크기가 중요하다는 것을 새삼 느낀다. 아이러니하게도 돈을 더 많이 버는 방법으로 돈 문제를 해결하려는 것에는 한계가 있다. 어려운 일이지만 욕망을 붙잡아 두거나 적절히 조절하는 인내와 지혜가 함께 필요하다.

돈 문제는 일터의 행복을 방해하는 중요한 요인이다. 회사생활을 하는데 돈 문제가 나를 괴롭힌다면 냉정하고 객관적으로 들여다 볼 필요가 있다. 무리하게 신용카드를 사용하지는 않았는지, 멀쩡한 물건을 바꾸지는 않았는지 말이다. 물론 이렇게 말하는 나도 욕망으로부터 자유롭지 못하다. 더 좋은 물건이나 더 좋은 복지를 선택하는 것은 자연스러운 현상이다. 그러나 더 버는데도 불구하고 늘 부족하다는 생각이 든다면 자신의 욕망수준을 한 번 점검해 볼 필요가 있다.

앞서 살펴본 대로 돈은 다양한 생활사건으로부터 우리를 보호해주고 풍성한 선택권을 제공하기 때문에 행복에 큰 도움이 된다. 그러나 많이 가졌음에도 행복하지 못하거나 적게 가졌음에도 만족하는 사람들을 충분하게 설명하지는 못한다. 그래서 욕망의 크기를 살펴보는 것은 돈 문제를 해결하는 데 많은 도움이 된다.

심리학자 에드 디너(Ed Diener)는 행복이란 우리가 현재 가지고 있는 것보다 우리가 원하는 것에 의해 좌우된다고 했다. 1억을 가지고 있어도 3억을 원한다면 여전히 2억이 부족한 허전하고 빈곤한 상태에 머물게 된다. 이런 경우라면 일상에서 늘 돈 문제로 시달릴 확률이 높다. 회사에 와서도 돈 문제로 마음이 편하지 않을 것이다. 일터의 행복을 방해하는 돈 문제는 욕망을 통제함으로써 어느 정도 해결될 수 있음을 이해할 필요가 있다. 당신의 욕망은 괜찮은가?

비교하지 말고 부러워만 하자

　동메달 수상자가 은메달 수상자보다 더 만족해한다는 것은 다들 아는 이야기이다. 동메달리스트는 하마터면 노메달에 그칠 뻔했던 상황과 현재의 나를 비교하며 행복해한다. 그러나 은메달 수상자는 간발의 차이로 놓친 금메달과 자신을 비교하며 덜 만족해한다. 게다가 옆에서 카메라와 대중의 관심을 집중적으로 받는 금메달 수상자가 영 마음에 들지 않을 수도 있다. 이처럼 부러운 것은 어쩔 수 없지만 비교하면 우리는 쉽게 기분이 나빠진다.

　내가 사는 도시 일산은 큰 호수가 있고 녹지가 잘 조성된 곳이다. 그래서 산책이나 운동을 하기에는 매우 훌륭한 조건을 갖추고 있다. 나 또한 시간을 내서 틈틈이 걷기 운동을 하고 있는데 걷기를 하는 코스에는 멋진 단독주택과 고급 승용차가 즐비하다. 그래서 그쪽을 지나갈 때면 종종 이런 생각이 든다. '나는 뭐했나? 저런 집에는 언제 살아보나?' 힘차게 걸어야 할 다리에 힘이 쭉 빠진다.

　사람들은 현재 내가 얼마나 잘살고 있는지 어느 정도 성공했는지를 가늠하기 위해 종종 주변 사람과 나를 비교한다. 이런 현상은 심리학에서도 매우 자연스러운 것으로 보고 있는데, 문제는 나에게 이득이 되는 비교와 손해가 되는 나쁜 비교 중에 선택을 잘 해

161

야 한다는 것이다.

이득이 되는 비교는 내가 부족한 것을 남이 가지고 있다는 것을 인정하고 보완을 통해 성장하고자 하는 성숙한 태도이다. 비교 대상을 롤모델로 삼을 수도 있다. 자기 발전을 통해 내가 부러워하는 그 대상처럼 성장하고자 하는 다분히 나에게 득이 되는 비교이다. 부러워는 하지만 지나치게 비교하지 않는 현명한 태도이다. 그런데 나쁜 비교는 부정적인 감정이 중심에 있는 비교이다. 타인과의 비교를 통해 더 우울해지고, 분노하고, 위축되고, 의심하는 마음이 지속되는 그런 비교이다. 물론 타인에 대한 분노를 통해 나를 발전시킬 수도 있다. 그러나 자신이 발전하는 기간 동안 누군가에 대한 적대적인 감정을 마음에 품고 있기 때문에 행복에 그다지 도움이 되지 못한다.

직장인들이 가장 슬플 때는 언제일까? 나보다 동료가 더 잘 나갈 때를 한번 상상해보자. 동료의 연봉이 나보다 높고 동료의 승진이 나보다 더 빠르다면 이보다 더 힘 빠지는 일도 없을 것이다. 동료에 대한 질투 그리고 상사와 회사에 대한 원망으로 의욕은 평소와 다를 수밖에 없다. 별 것 아니라고 생각하고 싶지만 동료와 나를 비교하는 상황은 일하는 내내 마음속에서 진행된다. 다른 직함, 다른 연봉, 다른 권한이 나와 동료를 계속 비교하게 만든다.

드물지 않게 벌어지는 일터의 이런 상황에서 우리는 현명하게 행복을 지키며 직장생활을 할 수 있어야 한다. 나쁜 비교를 하지 않으려는 의도적인 노력이 있어야 한다. '그 자식 가만히 안 둘 거야!', '내가 얼마나 유능한 사람인지 회사에 제대로 한 방 먹여주지.' 냉소를 머금으며 이런 생각을 한들 자신의 행복에는 큰 도움이 되지 못한다. 물론 상대방에 대해 부러워만 하고 나쁜 비교를 하지 않는 것은 말처럼 쉬운 일은 아니다. 그러나 나쁜 비교는 파괴적인 속성을 가지고 있기 때문에 문제가 해결되기 전까지는 부정적 감정에 지속적으로 노출되는 것을 피할 수 없다.

희대의 사건으로 기억되는 낸시 캐리건(Nancy Kerrigan)과 토냐 하딩(Tonya Harding)의 사례를 보자. 토냐 하딩은 미국에서 가장 인기 있는 여자 피겨 선수였다. 적어도 낸시 캐리건이 등장하기 전까지는 그랬다. 은반의 요정으로 불렸던 토냐와 은반의 샛별 낸시는 일인자 자리를 두고 자연스럽게 라이벌 구도를 형성하게 되었다.

그런데 1994년 올림픽 출전권이 걸린 대회를 하루 앞두고 연습실에서 나오는 낸시 캐리건이 괴한으로부터 습격을 당하는 일이 발생한다. 피겨 선수에게 가장 중요한 부위 중 한 곳인 무릎을 공격받은 그녀는 결국 대회출전을 포기하게 된다. 당시 가장 유력한 용의자로 지목된 사람은 다름 아닌 라이벌이었던 토냐 하딩이었다. 그러나 토냐는 증거불충분으로 풀려났고 올림픽에 출전하지만 메달권에 들지 못했다. 그러나 국민의 절대적인 지지와 동정을 받았던 낸시는 부상을 딛고 1994년 릴레함메르 올림픽에 출전해 은

메달을 목에 건다.

그로부터 얼마 후 낸시에게 벌어진 습격사건을 주도한 사람이 바로 토냐였음이 밝혀진다. 그녀가 남편을 사주해 라이벌 낸시의 출전을 방해했던 것이다. 그 일로 토냐는 온 국민의 거센 비난과 함께 스케이트 연맹으로부터 영구제명을 당한다. 그리고 지금까지도 국민 악녀로 기억되는 유일한 피겨선수로 남아 있다.

토냐는 낸시에게 쏟아지는 찬사와 낸시가 가지고 있는 재능을 부러워만 할 수는 없었을까? 라이벌 낸시의 재능과 인기가 부럽다고 솔직히 인정하고 비교를 멈추는 것은 어땠을까? 쉽지는 않지만 부러워만 하고 비교하지 않는 태도는 행복에 매우 유용하다. 입사 동기가 집 장만을 했다면 그냥 부러워만 하고 축하해주자. 그 친구는 금수저인데 나는 흙수저라서 지금 이렇게 살고 있다며 부정적으로 비교하는 것은 스스로 상처를 주는 행위일 뿐이다.

나는 한 번 강의할 때마다 최소 수천만 원에서 많게는 억대의 강의료를 받는다는 빌 클린턴(미국의 42대 대통령)과 나를 비교하지 않는다. 또 나보다 잘 나가는 고액 스타강사와 비교하지도 않는다. 나는 그들이 받는 강의료가 부러울 뿐 나에게 득이 되지 않는 방식의 비교는 가급적 피한다. 그리고 내가 가지고 있지 않은 재능과 실력에 초점을 맞추며 나를 성장시키는 데 그들의 장점을 배우려고 집중한다.

한편으로는 그들이 많은 돈을 받는 대신 내가 치르지 않아도 되는 대가를 치르며 살고 있다고 생각한다. 나는 내가 부러워하는 대상들을 부러워할 뿐 이런저런 비교를 하면서 상처받을 필요까지는 없다고 본다. 나와 남을 비교하는 습관을 가졌으면서 상처받지 않고 사는 사람은 없다. 일터에서 행복해지고 싶다면 부러움의 대상을 그냥 부러워만 했으면 한다. 비교는 저 멀리 치워두는 지혜를 발휘하면서 말이다.

행복한 부부에게 배우는 지혜

▼

▼

부부의 행복 수준이 적절히 유지될 때 일터의 행복 또한 지켜지고 향상될 수 있다. 갈등하는 부부관계로는 일터의 행복을 기대할 수 없다는 엄연한 현실 앞에 우리는 행복한 부부로부터 무엇인가를 배워야 할 것이다.

사회학자 칼 필레머가 70세 이상의 노인 1,000명을 대상으로 연구한 내용을 담은 『내가 알고 있는 것을 당신도 알게 된다면』에서 언급한 행복한 부부가 되기 위한 조언은 눈여겨볼 만하다.

첫 번째는 비슷한 사람과의 결혼이다. 겉으로 보이는 유사성을 말하는 것이 아니다. 결혼생활에 만족하는 부부는 가치관과 태도

등 많은 부분에서 배우자와 상호 유사하다. 서로 비슷한 커플은 매사에 다투기보다는 통하는 경우가 더 많다. 통하는 부부는 친밀하고 애정 어린 관계를 견고하게 유지할 수 있다. 그런 점에서 가치관과 태도가 비슷한 짝을 만나는 것은 행복한 부부관계의 가장 중요한 기초가 아닐까 한다. 첫 단추가 잘 채워져야 나머지 단추도 그렇고 전체적인 옷의 모양이 바르게 유지될 수 있기 때문이다.

그렇지만 비슷한 사람을 만난다는 것이 말처럼 쉬운 일은 아니다. 우선 이미 결혼한 사람에게는 절망이 될 수도 있다. 지금 함께 살고 있는 배우자가 여러모로 나와 다르다는 것을 알아버렸다면 다리에 힘이 풀릴 것이다. 그러나 너무 낙심할 필요는 없다. 그 와중에도 공통점은 있기 마련이다. 많이 다른 사이라고 해도 공통의 관심사, 취미, 음식 등 서로 겹치는 부분을 찾아서 집중하고 만족을 키워나간다면 충분히 희망적이다.

두 번째는 결혼은 반반씩 내놓는 것이 아니라 더 많이 주려고 노력하는 사이라는 점이다. 부부관계는 거래가 아니다. 그럼에도 많은 사람들이 준 만큼 받고자 한다. 네가 나한테 잘해야 나도 너한테 잘할 수 있다는 생각은 부부 사이에서는 바람직하지 못하다. 그것은 흥정이자 비즈니스다. 개인적인 생각으로 이 세상에 제일 못난 배우자는 부부끼리 거래하는 사람이다. 그럴 거면 결혼을 하지 말고 혼자 살았어야 한다. 손해 보고 못사는 사람이라면 이해와 양보라는 결혼생활의 기본원리가 어리석고 불공평하다고 느낄 수 있기 때문이다.

세 번째는 원활한 대화이다. 대화가 없는 부부보다는 대화가 풍성한 부부가 더 행복하다. 만일 한쪽이 말재주가 없다면 잘 들어주는 것만으로도 대화는 원활해진다. 대화가 살아 있는 부부, 대화가 원활한 부부는 그렇지 못한 부부의 경우보다 훨씬 행복하다. 상식적으로 생각해도 대화는 부부의 행복 수준을 가늠해 볼 수 있는 괜찮은 척도가 된다. 부부싸움을 하거나 갈등상황에 놓일 때 대부분은 말을 줄이고 상대방과의 대화를 거부한다. 자연스럽게 대화는 단절되고 마음속 분노와 상처가 자라난다. 자라난 분노와 상처는 다시금 상대방과 더욱 대화할 수 없도록 만든다.

이렇듯 대화가 없거나 부족한 부부는 사이가 좋지 않다는 것을 쉽게 알 수 있다. 그러므로 행복한 부부생활을 위해서라면 대화에 익숙해져야 한다. 침묵 전쟁을 치르지 말고 차라리 수다쟁이가 되려는 시도가 훨씬 유익하다. 회사에서 있었던 재미있는 일, 출퇴근 시간의 사건, 일상의 이야기, 엉뚱한 질문 등 무엇이든 그것이 상대방에 대한 원망, 비난, 신세 한탄 등이 아니라면 긍정적인 효과를 발휘할 것이다.

끝으로, 결혼에 대해 진지하고 충실한 태도를 유지하는 것이다. 결혼이 그냥 마음이 통하는 사람끼리 만나서 즐겁게 사는 것일수도 있겠지만 현실은 시간이 지날수록 마음이 점점 맞지 않고 즐거운 일도 줄어들기 때문이다. 애석하지만 처음 느낌 그대로 살아갈 수는 없다. 결혼은 당장 필요하고 바로 느낄 수 있는 그 무엇이라기보다는 더 진지하고 중요한 것이다. 결혼은 내가 과연 제대로 된 짝을 만났는지에 대한 쉴 없는 질문이 아니라 서로 조율해가며 닮아가는 삶의 훈련과정이다. 그런 점에서 나는 제대로 훈련하고 있는지 나는 배우자에게 어떤 짝인지를 스스로에게 지속적으로 물어보는 지혜가 필요할 것이다.

부부의 행복은 일터의 행복으로 연결된다. 흔들리는 가정에서 탄력을 받으며 일할 수 있는 사람은 없다. 부부의 행복이라는 기초가 당신의 직장생활을 제대로 떠받쳐줄 수 있도록 땀 흘려 가꿔야 할 필요가 있지 않을까?

행복으로 돈을 살 수 있다

▼

▼

비록 제한적이지만 돈으로 행복을 살 수 있다는 사실을 우리는 알았다. 부자는 가난한 사람보다 조금 더 행복하고 돈은 사람들을 여유롭게 해준다. 자질구레한 생활의 고민으로부터 돈은 우리를 조금 더 편안하게 해준다. 그래서 우리는 돈을 좋아한다. 부자가 되기를 희망하고 대박이 나기를 기대한다. 돈이 이렇게 좋기 때문에 사람들은 이를 악물고 돈을 벌기 위해 애쓴다. 개처럼 벌어서 정승처럼 쓰라는 속담도 있다. 그런데 문제는 도대체 언제쯤 정승처럼 써보냐는 것이다. 이 부분에서는 조금 다르게 생각해보는 것이 행복에 큰 도움이 될 수 있다. 돈으로 행복을 살 수 있다는 접근방식이 아니라 행복으로 돈을 살 수 있다는 관점이 그것이다.

심리학자 바바라 프레드릭슨(Barbara Fredrickson)은 긍정적인 정서를 경험할 때 사고 범위, 창의성, 개인이 가지고 있는 능력과 자원이 확장되고 축적됨을 실험을 통해 증명했다. 사람들은 행복할 때 더 많은 대안을 모색하게 되고, 자신이 보유한 장점을 최대한 활용하여 최선의 결과를 얻어낸다. 그리고 이런 경험들은 개인의 삶에 자산으로 축적되어 다가올 미래에 적절히 활용될 유용한 무기가 된다. [11]실제로 행복한 사람들이 돈을 버는 면에서도 상대적으로 더 유능하고 재주가 있다는 연구결과가 많다.

우리가 흔히 접하는 성공한 사람들의 이야기나 그들의 인터뷰 내용들을 보면 대부분 이런 흐름일 것이다. 처음에는 승승장구했지만 이후에 크게 몰락하고, 결국 죽음까지 생각했다가 우연한 기회에 그래도 살아보자는 결심을 하게 된다. 그리고 할 수 있다는 믿음과 해보자는 도전정신으로 마침내 이전과는 완전히 다른 성

11 『행복의 신화』 P186 참조. (소냐 류보머스키 저. 2013. (주)지식노마드)

공과 경험을 하게 된다. 조금은 식상할 수 있는 이런 성공신화의 공통된 줄거리에 의심의 눈초리보다는 주목해야 할 부분이 있다. 그것은 그들 대부분이 부정적인 정서의 가장 밑바닥에서 긍정적인 방향으로 전환함으로써 삶의 의욕을 얻고 수입도 더 늘어났다는 점이다.

누구나 더 잘 살고 싶어 하고 더 발전하고 싶어 한다. 그렇다면 돈이 있어야 행복해진다는 관점에 발목이 잡혀 있어서는 안 된다. 행복해야 돈도 더 잘 번다는 사고의 전환이 유용하다. 물론 아무리 긍정적으로 행동하고 생각해도 벌어들이는 돈이 한정된 경우도 있다. 일용직으로 생활하는 사람들이 제아무리 행복하게 일한들 수입이 늘어나겠냐며 반문할 수도 있다.

한 가지 말해두고 싶은 것은 심리학은 모든 사람의 문제를 해결해주는 유일한 법칙을 끌어내는 학문이 아니다. 수학처럼 정답이 정해져 있지도 않다. 원래 인간이 변화무쌍한 속성을 가졌기 때문이다. 그러므로 행복으로 돈을 살 수 있다는 나의 주장은 모든 경우에 써먹을 수 있는 만병통치약이 아님을 인정한다.

그러나 돈을 꼭 화폐로만 생각하지 않았으면 한다. 당신이 조금 더 행복해짐으로써 화병으로 병원에 갈 횟수가 줄어들고, 물건을 집어 던지는 일이 없어지는 것도 결과적으로는 돈을 버는 것이다. 자녀가 정서적으로 안정되어 스스로 공부하며 경쟁력을 키우는 것도 결과적으로 학원비를 버는 것이다. 무리하게 사채를 쓰지 않고 살림을 줄여 알콩달콩 사는 것도 돈을 버는 것이다. 돈이 있어야 행복해지는 것도 엄연한 사실이지만, 이렇게 행복으로도 돈을 벌 수 있다.

이 원리는 일터에서도 충분히 활용할 수 있다. 판매원이라면 바로 와닿을 것이다. 행복하고 긍정적인 판매원이 고객의 마음을 더 편안하게 해준다. 또 긍정적인 상태에서는 사고의 범위와 창의성 등 개인이 가진 장점이 극대화되므로 상황에 따라 유연하게 대처할 수 있다. 판매원이 긍정적이면 고객의 지갑도 더 잘 열린다. 누구든 인상을 쓰며 장사를 하는 사람보다 좋은 표정과 어투로 손님을 맞이하는 곳에 마음이 끌리기 마련이다.

나의 고향 종로구에는 금천교 시장이라는 곳이 있다. 지금은 사라졌지만 몇 해 전까지만 해도 이곳에 20대 청년들이 열정적으로 감자를 파는 가게가 있었다. 내가 기억하는 이 가게는 근처에만 가도 매장 직원들의 긍정적인 기운을 쉽게 느낄 수 있었다. 즐거운 표정과 씩씩한 목소리로 손님을 대하는 것은 기본이었다. 매장 출입구 옆에는 감자집 5계명이 적혀 있었는데 그 중 '좋은 사람과 먹는 감자는 0칼로리이다'라는 문구가 생각난다. 이렇게 시작한 작은 가게가 지금은 전국에 매장을 10개 이상 가진 프랜차이즈로 성장했다고 한다. 특히 우리가 행복해야 고객도 행복하고 장사도 잘 된다는 믿음을 영업철학으로 삼고 있다고 한다. 행복으로 돈을 살 수 있다는 것이 이 감자집에서도 실현된 셈이다.

판매원이 아니더라도 행복으로 돈을 살 수 있다는 주장은 여전히 유용하다. 행복한 직장인은 회사를 그만둘 확률이 낮다. 한 직장에 무조건 오래 다니는 것이 능사는 아니겠지만 적어도 회사를 수시로 때려치우는 사람보다는 돈을 더 벌 수 있다. 직장을 자주 옮기게 되면 공백 동안 부족한 급여로 인해 대출을 받아 생활해야 할 수도 있다. 또 구직활동을 하는 동안 재취업 확률을 높이기 위해 이런저런 투자를 계속해야 한다. 구직을 위해 학원 수강에서 심지어 성형수술까지 하는 사람들도 있다. 게다가 새로운 직장이 구해지기 전까지 방황하는데 사용될 술이나 담뱃값 등도 만만치 않다. 이 모든 것들이 직장을 자주 옮기는 사람에게 수시로 발생하는 추가비용이다. 그리고 이력서가 복잡한 사람은 좋은 조건과 높은 연봉으로 스카우트될 확률이 그리 높지 않다. 왜냐하면 기업은 여전히 성실한 사람을 원하고 있고, 이력서가 복잡한 사람을 배제하기 때문이다.

돈 문제로 혹은 자신이 부자가 아니기 때문에 행복하지 않다고 느낀다면 물구나무서기를 해보자. 돈으로 행복을 살 수 있다는 믿음을 뒤집어 행복으로 돈을 살 수도 있음을 이해한다면 직장생활이 훨씬 유연하고 행복해질 것임을 확신한다.

CHAPTER 04

그리고 일을 대하는 당신의 태도

하고 싶지는 않지만 돈 때문에 참고 일한다면? (생업)

성공과 출세를 위해 열심히 직장생활을 한다면? (경력)

일을 사랑하고 출근이 기다려진다면? (소명)

부러움을 사기 위해 폼 나는 일을 한다면? (보기 좋은 직장)

지겨운 일상이 싫어서 새로운 일터로 옮긴다면? (적응)

택배로 물건을 받아본 사람이라면 공감할 것이다. 주문한 물건이 이른 시간에 도착하면 그것처럼 기쁜 일이 없다. 그러나 물건을 전달하는 배송기사 입장에서는 무척 고된 일일 것이다. 배송업무는 높지 않은 연봉과 반복적인 작업 그리고 시간의 압박으로 인해 업무 강도가 매우 높은 편이다. 육체적으로나 정신적으로 피곤한 이 업무는 절대 만만하지 않다. 누구나 불평을 쏟아낼 것 같은 업무이지만 이 일을 대하는 배송기사의 태도는 제각각이다. 어떤 경우에는 물건을 받는 사람이 위축될 정도로 불친절하다. 반면 물건이 제날짜에 도착하지 않더라도 배송기사의 친절함에 불만이 눈 녹듯 사라지는 경우도 있다. 왜, 누구는 무서운 배송기사이고 누구는 행복 유발자일까?

일을 대하는 우리의 태도가 일터의 행복을 결정한다. 동일한 일을 하더라도 누군가에게는 지겨운 밥벌이이고 누군가에게는 보람이자 기쁨이다. 일을 대하는 이런 상이한 태도는 일정 부분 개인의 성격에 의해 영향을 받는다. 그러나 여전히 채워지지 않는 나머지 부분은 일을 대하는 우리의 마음가짐 즉, 우리의 태도에 달려있다. 태도가 바뀌면 행동이 바뀌고 또 그렇게 바뀐 행동은 다시 태도에 영향을 미치는 상호작용의 힘은 생각보다 강력하다.

심리학자 브레즈니브스키(Wrzesniewski)와 동료들은 일을 대하는 개인의 시각에 따라 일에 대한 만족과 불만족이 결정된다고 보고 세 가지 유형으로 분류하였다. 생업(job), 경력(career), 소명 (calling)이 그것이다.[12] 생업부터 소명까지 일을 대하는 개인의 시 각에 따라 일터의 행복이 어떻게 좌우되는지 살펴보자.

---

12 Wrzesniewski. A., McCauly, C, R., Rozin, P., & Schwartz, B. (1997). Jobs, careers and callings: People's relations to their work. Journal of Research in Personality, 31, 21-33.

하고 싶지는 않지만
돈 때문에 참고 일한다면? (생업)

직업에 대한 모든 관점을 생업(job)에 둔 사람들은 물질적인 이익에만 주된 관심을 기울인다. 돈 때문에 일하므로 이들에게 회사는 돈을 벌기 위해 출근하는 장소이다. 생업의 관점이 지배적인 사람들은 지시받는 일 이외에는 잘 하지 않고 늘 퇴근 시간을 기다린다. 친구나 주변 사람에게 자신이 하는 일을 추천하지 않으며 좋게 말하지도 않는다. 여가를 중시하고 금전적인 동기가 부여될 때는 열심히 일한다.

한마디로 하고 싶지는 않지만 먹고 살기 위해 억지로 참고 일한다는 관점을 말한다. 이런 시각에 행복이 자리 잡을 공간은 매우 협소하다. 일이 돈벌이 수단 이상의 의미를 갖지 못하는 상황에서 일은 노동이고 심지어 형벌이다.

나는 예전에 연봉이 30% 정도 향상된 조건으로 직장을 옮긴 적이 있다. 그 전까지 몸담고 있었던 회사의 근로조건보다 여러 가지 면에서 좋다고 판단했기 때문에 미련 없이 이직했다. 첫 달 월급봉투를 받아 보았을 때 나는 나의 결심이 현명했음을 확신했다. 내가 꿈꾼 정도는 아니었지만, 이전 직장의 쥐꼬리만 한 월급을 받을 때보다는 분명 금전적으로 나아졌다. 생활비도 여유가 생겼고 외식 횟수도 늘어났다.

그런데 문제는 차츰 다른 곳에서 불거져 나왔다. 새로운 직장에서 나에게 거는 높은 기대와 성과 압력에 쫓기듯이 일을 했고 일은 점점 재미가 없어졌다. 적응을 해나가는 과정이라고 생각했지만 내가 만들어 내야 할 성과와 처리해야 할 일은 영원히 줄어들 것 같지 않았다. 돈 때문에 이직했고 돈을 중심에 두고 내린 나의 판단이 그다지 현명한 것이 아니었음을 인정하는 데는 그리 오랜 시간이 필요하지 않았다.

무엇보다 일하는데 흥미가 현저히 사라졌고 퇴근만 기다리는 나의 모습을 보면서 내가 왜 돈을 벌고 무엇을 위해 일을 하고 있는지 혼란스러웠다. 나는 돈이 주는 달콤함에 도취되어 일이 주는 다른 가치를 잠시 망각했었다. 돈 때문에 잠시 행복했지만, 결과적으로 돈 때문에 참고 일해야 하는 상황에 머물면서 그것이 얼마나 힘든 형벌인지 체험하게 되었다.

일을 하는 이유에 대한 답으로 여전히 으뜸을 차지하는 녀석은 돈이다. 사람들은 돈 때문에 취직하고 돈 때문에 이직을 시도한다. 또 돈 때문에 친정엄마에게 아이를 맡긴 채 일터로 나가고 대출이자, 생활비, 자녀의 학원비 때문에 아르바이트를 한다. 그렇다! 돈은 중요하다. 그러나 일의 가치에는 돈만 있는 것이 아니다. 넓은 테이블 위에 여러 종류의 과일이 있는데 그중에서 하나만 계속 먹는다면 나머지 과일이 주는 느낌을 경험할 기회는 사라진다.

매스컴에서는 중소기업과 대기업 그리고 학력별 연봉을 비교하는 기사를 수시로 내보낸다. 좋은 의도도 있지만 이런 식의 기사는 사람들로 하여금 자연스럽게 돈이 직업 선택의 우선순위로 작용하도록 유도한다. 어떤 회사는 초봉이 얼마이고, 어떤 회사는 보너스가 얼마이고, 학교는 최소한 어디를 나와야 한다는 식의 취업공식이 떠돌아다닌다. 어렵게 입사를 하더라도 돈을 중심에 두고 일한다면 일은 별로 즐겁지 않은 노동으로 전락하기 쉽다. 일을 대하는 개인의 시각이 너무 돈벌이에 치우쳐 있다면 직장은 개인의 생활이나 취미 활동을 보조해주기 위한 화폐 공급처로 평가절하될 것이다.

지금은 연락이 닿지 않지만 첫 직장에서 같이 일했던 동기가 생각난다. 그 친구는 신입사원으로는 조금 과한 수준의 승용차를 장만한 덕에 주변 사람들의 부러움을 샀다. 옷도 꽤 잘 입고 미혼인 관계로 데이트도 열심히 하는 편이었다. 그런데 회사에서는 정말 존재감이 없었다. 속된말로 싹 죽어지냈다. 어떤 일이든 자발적으로 하는 모습을 보지 못했으며 업무적으로 서로 교류할 일이 많았음에도 대화를 했던 기억이 별로 없다. 우연히 차를 한잔하면서 나는 그 친구에게 차가 정말 멋지다는 말과 함께 회사생활이 재미있는지 물었다. "차 할부만 끝나면 바로 때려치우고 나갈 거야. 돈 때문에 어쩔 수 없이 다니는 거지. 넌 재미있어?" 동기로부터 돌아온 대답이었다.

일을 하는 이유가 단순히 자동차 할부를 갚는 수단 정도로 묶여 있을 때 그 일이 즐거울 수 있을까? 우리는 돈 이외에도 보람, 동료애, 자기 성장, 인정, 사회기여 등등 다양한 것들을 일을 통해 체험하고 키워나갈 수 있다. 만일 '하고 싶지는 않지만 돈 때문에 참고 일한다'는 마음이 여전히 중심에 있다면 고개를 조금만 들어 다른 좋은 것들도 주변에 있음을 관찰했으면 한다. 형형색색의 과일이 테이블 위에 있으니 손을 뻗어 그것을 내 앞으로 가져오면 좋지 않을까?

성공과 출세를 위해
열심히 직장생활을 한다면? (경력)

경력(career)의 관점은 일을 통한 성취, 목표달성, 사회적 지위와 성공 등에 많은 주의를 기울이는 태도이다. 승진, 존경, 연봉인상 등 출세 지향적인 태도를 가지며 일을 성공을 위한 좋은 수단으로 여긴다. 이런 관점을 가진 사람들은 진실성의 여부를 떠나 상사들과 잘 어울리며 솔선하여 일에 관여하기도 한다. 왜냐하면, 이런 행동이 직장에서의 성공과 자신의 경력관리에 득이 되기 때문이다. 또한, 승진이 큰 동기부여 요인이 되며 퇴근 후 자기계발 등에 대한 투자도 과감하다. 경쟁에서 이기고 목표를 성취할 때 큰 자긍심을 얻고 일을 즐기기도 한다.

 정리하자면 이들은 성공을 위해 일하는 사람, 남들보다 빠르게 승진하고 더 높은 연봉을 받고, 더 좋은 조건으로 경쟁사에 스카우

트되고, 더 넓은 책상을 쓰고 싶어 하는 사람들이다. 이들은 직업적인 성공에 초점을 맞추기 때문에 마음에 들지 않는 상사와도 친근하게 지내며 적극적으로 일을 추진하고 성과를 만들어 내려고 한다. 퇴근 후에는 외국어 공부나 자격증 시험을 준비하며 경쟁력을 높이는 데 관심이 많다. 주변 사람들이 봤을 때 매우 성실하고 적극적이고 사교성도 훌륭한 사람처럼 보인다.

하지만 실제로는 자신의 직업적 성공을 위해서 대인관계와 경력을 관리하고 있는 것이다. 이쯤 되면 머릿속에 대충 떠오르는 사람이 있을 것이다. 타인일 수도 있지만 나일 수도 있다. 경력(career)의 관점을 갖는 것은 경쟁에 유리할지도 모른다. 누구나 출세하고 성공하고 싶어 한다. 실패하려고 직장생활을 하는 사람은 없다. 이런 관점을 가진 직원이 많다면 조직은 어느 정도 발전할 것이다.

문제는 즐거움이다. 승진하고 연봉이 오를 때에는 행복하겠지만 그렇지 못할 경우에는 의욕이 크게 떨어진다. 자기 생각보다 성공이 더디거나 남들로부터 인정을 받지 못할 때 불행감은 더 크게 다가온다. 더군다나 성공을 위해 자신을 끊임 없이 채찍질하고 자기관리를 해야 하므로 직장생활이 상당히 피곤하다.

식품회사에서 일하는 강 부장은 야심가이다. 20년 전 영업사원으로 시작한 그는 새벽부터 외국어 공부는 물론 자기계발에 상당한 노력을 하면서도 지금까지 회식 자리에 단 한 번도 빠진 적이 없다. 상사들의 취미 생활이나 취향을 파악해 공감대를 형성하는 능력도 뛰어나다. 대화에 막힘이 없고 매사에 적극적이며 자기 홍보도 잘한다. 남들이 귀찮아하는 일도 선뜻 맡아서 하며 일을 한번 시작하면 마무리도 깔끔하다. 퇴근 후 틈틈이 공부해서 몇 년 전에는 경영학 석사학위까지 취득했다. 영업사원으로 시작한 강 부장은 결국 인사부서의 부장으로까지 승진했다.

이런 강 부장의 직장생활은 말 그대로 전쟁의 연속이다. 자기 자신과 펼치는 기나긴 전쟁 말이다. 성공을 위해서 감정은 최대한 억누르고 상사나 회사가 원하는 행동을 하며 살아왔다. 동기보다 빠르게 승진하며 조직 생활에서 나름 성공 가도를 달리고 있다.

그런데 강 부장은 최근 친구와의 술자리에서 진지하게 이런 말을 건넸다. "미친 듯이 앞만 보고 달려왔는데 생각보다 해놓은 것이 별로 없어. 집도 사고 진급도 했지만, 이 나이에 이 정도는 누구나 하잖아. 앞으로 또 어떻게 살아가야 할지 고민이 많다. 지친다. 열심히 산다는 게 너무 지친다."

치열한 경쟁이 있는 직장에서 인정을 받고 승진을 하고 괜찮은 경력을 만들어 가는 것은 결코 쉬운 일이 아니다. 장기적인 노력과 계획, 인내와 투자가 뒷받침되어야 한다. 물론 이런 모든 과정이 스스로 선택한 일이므로 즐겁게 할 수 있다면 전혀 문제될 것이 없다. 그런 사람은 일터에서 행복하기 때문에 경력(career)의 관점을 가졌어도 행복한 사람이다. 그러나 출세 지향적인 태도는 일 자체의 즐거움보다는 일을 통해 얻어지는 결과의 달콤함을 중시하는 관점이다. 좋은 경력을 갖는다는 것, 출세한다는 것은 결국 남보다 앞서가야 하고 남을 이겨야 하므로 필연적으로 경쟁을 부르고 그 과정에 갈등도 추가된다.

해봐서 알겠지만 누군가를 이기려면 여유 부리며 살기보다는 이를 악물고 치열해져야 한다. 나는 개인적으로 성공과 출세를 지향하는 경력(career)의 관점을 가진 직장인들에게 박수를 보내고 싶다. 삶을 계획하고 남보다 열심히 살아가는 사람들은 박수받아 마땅하다. 하지만 일을 대하는 관점이 성공이라는 결과물에 지나치게 기울어져 있다면 직장생활은 수시로 오르락내리락하는 롤러코스터를 타는 기분일 것이다. 승진하고 높은 연봉을 받을 때는 날아오를 듯 기쁘겠지만 경쟁에서 뒤처지고 계획에 차질이 발생하면 수면 아래로 곤두박질칠 수 있다. 일은 성공과 출세의 좋은 수단임이 틀림없다. 그러나 일을 통한 성공만큼 일 자체가 주는 기쁨에도 주의를 기울인다면 어떨까?

일을 사랑하고
출근이 기다려진다면? (소명)

자기 일을 사랑하고 일이 즐겁고 매일 하는 일이지만 종종 흥분과 희열을 느끼는가? 출근이 기다려지고 퇴근 후에도 일이 좋아서 일 생각을 곧잘 하는가? 이런 희귀종이 도대체 있기는 한 건지 의아해할지도 모르겠지만, 주변을 살펴보면 실제로 이런 사람들을 몇 명쯤은 발견할 수 있을 것이다. 장인정신을 가진 구두 수선공이나 친절한 분식집 아저씨 혹은 마음씨 고운 사회복지사일 수도 있다.

소명(calling)의 관점을 가진 사람들은 자기 일이 매우 중요한 의미가 있다고 여긴다. 일을 통해 사회에 기여하고 있다고 생각하며 일하는 동안 즐겁고 행복을 수시로 느낀다. 일에 열정을 가지고 있는 것은 물론이고 일할 때 쉽게 몰입한다. 일 중독자 이야기가 아니다. 소명(calling)의 관점을 가진 사람들은 일이 좋기 때문에 휴가를 다녀온 후에도 일에 쉽게 복귀한다. 대부분의 사람이 긴 휴가나 연휴 이후 제자리를 찾기까지 한동안 후유증을 겪어야 함에도 불구하고 그들은 일이 고통이 아닌 행복이기 때문에 회복 기간이 짧다.

또한 그들은 자신이 맡은 직무 이외에도 주변 동료들을 돕는 데 인색하지 않다. 앞서 살펴본 바와 같이 행복한 사람들의 시야는 좀 더 확장되어 있기 때문에 주변 사람들에게 친절하고 야박하지 않다. 돈보다 일 자체가 좋고 일에 신념과 애정을 품고 있다. 한 마디로 이들에게 일은 곧 행복의 원천인 셈이다.

나 또한 이런 관점을 가진 사람들을 심심치 않게 만난다. 최근 공무원을 대상으로 한 강의에서 있었던 일이다. 특용작물 재배법을 개발하는 한 공무원이 발표 자리에서 이렇게 말했다. "노루궁뎅이 버섯이 부가가치가 높지만, 재배가 매우 까다롭습니다. 그래서 몇 년의 시행착오 끝에 더욱 손쉬운 재배기술을 개발했습니다. 그리고 그 기술을 무상으로 농가에 공급하는 일이 저의 임무입니다. 남들은 애써서 개발한 기술을 공짜로 나눠주는데 서운하지 않으냐고 물어봅니다. 하지만 저는 이 기술이 널리 보급돼서 농가의 수입이 올라가는 데 큰 기쁨을 느낍니다. 또 제 돈 들이지 않고 마음껏 연구할 수 있는 저의 직업이 좋고, 그렇게 개발된 기술을 보급하는 일이 꽤 만족스럽습니다." 나는 한눈에 그가 소명(calling)의 관점을 가진 사람임을 알 수 있었다. 발표가 끝나자 큰 박수가 쏟아져 나왔다. 청중 중에는 귀농계획이 있으니 재배기술을 당장 전수해 달라는 농담이 나오기도 했다. 어떤 사람에게 일은 밥벌이에 지나지 않지만 어떤 사람에게는 행복의 원천이다.

소명(calling)의 관점을 가진 사람들이 보여주는 또 다른 행동은 그들이 자기 일 자체에만 몰두하는 것이 아니라는 점이다. 소명의식을 가진 우체부는 우편물을 빠르고 정확하게 배달하는 일에만 몰두하는 것이 아니라 그 이외의 일에도 정성을 들인다. 우편물을 소중히 다루고 아파트 경비원과도 친하게 지내며 주차를 할 때도 세심하게 배려한다. 이런 사람들은 주변에도 긍정적인 영향을 미치고 세상을 좀 더 풍요롭게 만든다.

일이 소명이라는 관점을 갖는 사람들에게 무엇보다 큰 혜택은 감정적인 안정과 직업적인 성장이다. 아침에 출근하면서부터 잠자리에 들기 전까지 직장 생각만 하면 짜증이 나거나 우울해지는 사람이 있다면 그 사람의 감정 상태는 하루 종일 변화무쌍할 것이다.

누구나 동의하는 바이지만 감정이 들쑥날쑥한 사람은 인기가 없다. 게다가 일에 만족하지 못하고 불만이 많은 상태가 되면 직장에서 평정심을 갖고 일하기 힘들다. 상사나 동료 그리고 고객과 만남에서 실수를 할 확률이 높고 상대방 또한 불편한 감정을 가질 수 있다. 이쯤 되면 나의 감정뿐만 아니라 타인의 감정도 안 좋은 방향으로 맞물려 돌아가게 된다.

반면 소명의 관점을 가진 사람들은 일을 할 때 좀 더 안정적이다. 처리해야 할 일이 많거나 곤란한 상황과 마주해도 우울해지거나 화를 내기보다는 긍정적으로 풀어간다. 감정적으로 안정되다 보니 주변 사람들과도 우호적으로 지내며 일을 해나가는데 큰 장애물이 없다. 그들이 일할 때 보여주는 태도는 동료들에게 신선한 자극이거나 귀감이 된다.

더군다나 일을 소명으로 여기는 사람들의 일 처리와 마무리는 그렇지 못한 사람들과 비교된다. 소명을 갖고 일하는 사람은 일 자체만 보지 않는다. 구두를 수선하는 사람이라면 정해진 대로 수선만 하는 것이 아니라 고객의 입장에서 수선을 한다. 제대로 수선이 됐는지 직접 신어 보기도 하고, 손을 넣어 구석구석 만져보기도 하며 정성을 다한다. 수선한 후에 받을 돈을 생각하기 전에 고객의 발을 먼저 생각한다.

영업사원이라면 내가 팔아야 할 물건이나 실적만 생각하지 않을 것이다. 고객의 주머니 사정이나 성향까지 고려해서 고객이 꼭 필요로 하는 상품이나 서비스를 제대로 찾아낼 것이다. 이런 사람들은 직업적으로 성장한다. 일을 소명으로 생각하는 이들은 일을 노동으로 생각하는 사람과는 일하는 방식에서 많은 차이가 있다. 그래서 그들은 직업적으로 성장한다. 일로 인정받으며 자신의 분야에서 높은 완성도를 보인다.

나는 축구 선수 리오넬 메시가 돈벌이 때문에 열심히 뛰어다녀서 지금처럼 대단한 선수가 됐다고는 생각하지 않는다. 그는 축구를 즐기며 하고 있고, 늘 경기에 나가고 싶은 열망을 갖고 있고, 가장 좋아하는 운동은 여전히 축구라는 말을 인터뷰에서 곧잘 하곤 한다.

　　우리는 어쨌거나 오랫동안 일을 하며 살아가야 하므로 소명의 관점을 갖거나 배우는 편이 인생에 커다란 도움이 된다. 잠자는 시간을 제외하고 하루의 절반 정도를 직장에서 보내는 많은 사람이 자신의 직업을 싫어하는 상태로 행복한 삶을 살아갈 수는 없다. 직업은 소득이나 출세를 위한 수단이 되기도 하지만 인생을 풍요롭게 하는 행복의 원천이자 행복의 절반이다.

부러움을 사기 위해
폼 나는 일을 한다면?
(보기 좋은 직장)

한번은 이런 이메일을 받은 적이 있다. 군 복무 중인 휴학생이 제대를 앞두고 고민을 한 보따리 풀어 놓은 내용이었다. 나 또한 군복무 말년에 비슷한 고민을 했던 터라 많은 부분을 공감할 수 있었다. 이 친구의 계획은 복학한 후 전공을 바꿔서 편입하고 명문대 학원에서 석사학위를 따는 것이었다. 그 후에는 펀드매니저가 돼서 큰돈을 벌고 싶다는 내용이었다. 지금 다니고 있는 학교와 전공은 전망이 없지만 새롭게 도전하는 학교나 직업은 매우 전망이 밝고 남들도 크게 부러워할 일이라고 했다. 힘든 길이지만 누구나 인정해주고 남들이 부러워하는 일을 하고 싶다고 했다. 그리곤 나에게 자신의 계획이 멋지지 않으냐면서 의견을 구한다고 했다.

이미 답은 다 정해 놓은 것 같았지만 나는 성의를 다해 신중하게 답변해줬다. "그 계획이 본인의 마음속에서 우러나온 진짜 하고 싶은 일인지 아니면 남들이 부러워하는 일을 하는 것에 대한 열망인지를 구별해보기 바랍니다. 어떤 경우든 님의 꿈과 계획에 대해 왈가왈부할 생각은 없습니다. 다만 다른 사람의 부러움을 사고 싶어서 시작한다면 그것은 님의 꿈이 아니라 다른 사람의 꿈이기 때문입니다."

폼 나는 일은 말 그대로 멋져 보인다. 아이돌이 그렇고 검사도 그렇고 의사도 멋지다. 그래서 많은 사람들이 그 꿈을 쫓는다. 경쟁률이 높다 보니 진입장벽도 엄청나다. 낙타가 바늘구멍 들어가는 확률만큼 희박하다. 아이러니하게도 그래서 인기가 더 높다.

직업 선택에서 많은 사람이 간과하는 것은 자신의 적성을 무시한 채 세간의 부러움을 중심에 둔다는 것이다. 좋아 보이는 직업과 좋아하는 직업은 구분되어야 한다. 그러나 욕망이 너무 커지면 본인조차 둘 사이를 제대로 구별해내기가 어려워진다. 물론 최적의 조합은 본인이 원하는 직업이면서 동시에 남들이 부러워하는 직업일 것이다. 그리고 최악의 조합은 본인이 원하지 않거나 원한다고 착각하면서 남들이 부러워하는 직업을 목표로 삼는 것이다. 이런 경우 시간이 지남에 따라 직업에서 불행감을 느낄 확률이 높아진다.

내가 아는 어떤 연구원은 세계적인 기업의 연구소에 입사했다. 그곳에서 그는 핵심연구원으로까지 성장을 했지만 돌연 사표를 던지고 나왔다. 그 이유를 묻는 자리에서 그는 남들처럼 "경직된 분위기와 마감일에 허덕이며 사는 것이 싫어서 나왔습니다"라고 말하지 않았다. 그는 "남들이 부러워하는 회사에 들어가고 싶었고 그래서 열심히 살았습니다. 그런데 그건 제 꿈이 아니었습니다. 저는 낮은 연봉을 받더라도 공익을 위해 연구하는 것이 제 체질에 맞는다는 것을 알았습니다." 이렇게 자신의 생각을 밝혔다.

그는 현재 전 직장에서 받던 연봉의 절반밖에 되지 않는 조건이지만 공공기관의 연구소에서 행복하게 일하고 있다. 이해할 수 없는 결정이라며 고개를 저을 사람도 많겠지만 그의 결정은 명료하다. 폼 나는 일을 버리고 자신이 원하는 일을 선택한 것이다.

잠시 자녀의 직업 선택으로 초점을 옮겨보자. 아이들의 장래 직업에 부모의 입김은 크게 작용한다. 심지어 아이들의 직업을 미리 정해놓고 유아기부터 집중적인 투자와 훈육을 시키는 부모도 많다. 꼭 거창한 것이 아니더라도 부모는 자녀의 미래 직업에 대해 많은 부분 궤도수정을 가하고 있다. 이런 직업은 이래서 안 좋고, 저런 직업은 저래서 안 좋다고 하며 아이가 원하는 것보다는 세상에서 인정받는 직업이나 안정적이고 편한 직업을 추천한다.

삶의 연장자로서 아이의 앞길에 가시밭이 놓여 있다면 그것을 알려주는 것이 부모의 역할이지만, 매번 치워준다면 그것은 아이의 미래를 재단하는 행위가 된다. 이런 아이들이 성인이 돼서 부모가 원하는 직업을 갖게 된들 그 일이 행복의 원천이 될 확률은 높지 않다. 헬리콥터 부모라는 신조어가 등장할 만큼 아이들에 대한 부모의 오랜 관여와 집착은 어느 때보다 심하다. 부모가 꼭 해보고 싶었던 직업을 아이가 선택하면 부모 입장에서 대리만족이 되겠지만 아이의 행복은 심한 손상을 입는다.

폼 나는 일을 하면 분명 멋져 보인다. 그러나 그 일을 수행하는 당사자가 그 일을 선택하는 과정이 무엇보다 중요하다. 일이 불행이 아니라 행복이 되려면 자기 뜻에 반하는 남들이 부러워하는 직업을 갖는 것은 도움이 되지 못한다.

일을 대하는 태도는 일터의 행복을 구성하는 중심축이다. 일이란 어차피 평생 함께 가야 할 친구이자 운명이다. 그런데 직업을 선택하는 데 있어서 지나치게 남을 의식하는 것은 언제 터질지 모르는 시한폭탄을 품고 일하는 것과 다름없다. 남들이 부러워하는 직업을 가지고 있지만 자신이 불행하다고 생각하는 사람, 그 일을 그만두고 싶어 하는 사람이 되는 것은 슬픈 일이다. 폼 나는 일이 아니더라도 자신에게 행복을 주는 직업을 스스로 고민해서 선택하는 편이 훨씬 낫다. 일과 직업이 분명 내가 원한다고 다 할 수 있는 것은 아니지만 적어도 폼 나는 일에 자신의 행복을 담보 잡히지 않았으면 한다.

지겨운 일상이 싫어서 새로운 일터로 옮긴다면? (적응)

일을 대하는 관점 중에 꼭 짚고 넘어가야 할 것은 적응이다. 인간은 지속하는 환경에 쉽게 적응을 한다. 아무리 즐겁고 긍정적인 환경에 놓여 있더라도 그 상태가 지속되면 행복감은 떨어진다. 물론 부정적이고 열악한 환경에도 적응한다. 후자는 인간뿐만 아니라 다른 생물에게도 생존에 필요한 절대적인 능력이다. 그런데 전자는 성격이 조금 다르다. 둔감화(desensitization) 혹은 쾌락적응이라고도 불리는 이런 적응의 또 다른 특성은 행복에 부정적인 영향을 미친다.

입사할 때의 설렘과 열정도 시간이 지나면 시들해진다. 야근할 때 공짜로 먹던 맛있는 자장면도 시간이 지나면 냄새도 맡기 싫어진다. 대략 30년 전에 할아버지 로고로 잘 알려진 치킨을 먹었을 때가 떠오른다. 한 입 베어 물었을 때 그 맛은 닭고기가 아니었다. 입에서 녹는다는 말은 그때 딱 어울리는 표현이었다. 충격적으로 맛있는 치킨에 매료된 나는 지금도 할아버지가 그려진 회사의 닭고기를 사랑한다. 하지만 먹을 때마다 처음 느꼈던 환상적인 경험을 하는 것은 아니다. 솔직히 이제 그런 경험은 전혀 하지 못한다. 어느새 그 맛에 적응한 것이다. 그래서 종종 다른 업체의 치킨도 즐긴다.

처음에 행복감과 긍정적인 동기를 불러일으키던 것도 시간이 지나면 기쁨의 강도가 차츰 약해진다. 우리는 배우자에게도 적응한다. 처음에는 가슴 뛰는 대상, 안 보면 보고 싶어서 안달이 나던 사람도 결혼하고 시간이 흐르면 특별히 가슴 뛸 일이 없다. 한 번 갔던 여행지도 여러 번 가다 보면 처음과 같은 감흥은 찾아오지 않는다. 하물며 직장생활은 어떻겠는가? 메모하며 열심히 배우던 업무는 지겨워지고 첫 월급의 뿌듯함은 사라진다. 더 나아가 매일 만나는 상사와 부하는 눈길 주기조차도 싫을 수 있다.

그래서 '나는 왜 일터에서 행복하지 않은가?'라는 생각이 들 때면 '내가 너무 적응해 버린 것은 아닌가?' 하고 자문해봐야 한다. 나에게는 지겨운 일상이 되어 버린 회사생활도 누군가에게는 부러움과 열망의 대상일 수도 있기 때문이다. 특히 요즘처럼 취업하기가 어려운 시기에 출근할 곳이 있고 매달 받는 월급이 있다면 충분히 긍정적인 상황이라고 할 만하다. 적응은 생존을 위한 훌륭한 도구이다. 그러나 한편으로는 설렘을 시들함으로, 즐거움을 무료함으로 변질시키는 주범이기도 하다.

[13]평균 연봉이 1억 원이 넘는 고위관리자들이 승진이나 더 살기 좋은 도시로 근무지를 옮기는 등의 자발적 직무변화를 겪기 전후 5년간의 직업만족도를 추적한 연구가 있다. 조사 결과 관리자들은 직무를 바꾼 직후에는 엄청난 만족을 경험했다. 그러나 그들의 만족도는 1년 이내에 다시 곤두박질쳤고 직무를 바꾸기 전의 원래 수준으로 되돌아갔다.

더 높은 지위와 더 나은 환경이 제공되는 곳으로 자발적인 이직을 했다면 개인의 만족도는 당연히 클 수밖에 없다. 그러나 그들의 행복은 오래가지 못했다. 억대 연봉을 받는 사람들이 일터에서 행복하지 않다고 느낀다면 사람들은 배부른 소리라며 비난할지 모른다. 적응 앞에서 장사는 없다. 빛이 바랜 사진처럼 만족과 기쁨을 주던 일이나 대상도 이내 시들해질 수 있다. 그래서 억대 연봉자를 포함해 우리 모두도 가끔은 '내가 너무 적응해 버린 것은 아닐까?' 자문해봐야 한다. 일터에서 행복하지 않다면 각자가 처한 상황이나 일 자체가 문제일 수도 있지만 적응이라는 불청객 때문일 수도 있다.

---

13 『행복의 신화』 P152 참조. (소냐 류보머스키 저. 2013. (주)지식노마드)

끝으로 지인에게 들은 적응에 관한 우스운 이야기를 하나 해볼까 한다. 눈이라고는 구경도 못 해본 필리핀 여성이 한국 남자와 결혼해서 강원도에 살림을 차렸다. 겨울이 오자 추위로 힘들었지만 하늘에서 얼음 가루가 내리고 세상이 하얗게 바뀌자 이곳이 바로 동화의 나라구나 생각했다고 한다. 처음 한두 해는 이렇게 눈이 주는 새로운 경험에 완전히 매료되었다.

그런데 눈을 치우는 일뿐만 아니라 폭설로 발이 묶여 시내에 나가지 못하는 경우가 생기면 그때마다 여간 힘든 일이 아니었다. 게다가 종종 멧돼지가 출몰해서 혼비백산하기 일쑤였다. 그럼에도 남편은 아내가 동화의 나라에서 산다는 말만 믿고 마냥 흐뭇했다. 그런데 필리핀에 계신 장모님과 아내가 통화하는 소리를 우연히 듣게 되었다. "엄마, 나 힘들어. 이제 눈만 보면 진저리가 나. 게다가 이놈의 멧돼지들 전부 기관총으로 쏴버리고 싶다니까? 어디 눈 안 오는 곳에 가서 살고 싶어."

일을 하며 조금 더 행복해지려면

목표가 있는 직장생활 하기

목표가 있을 때 우리는 의욕적으로 변한다. 목표는 인내심을 발휘할 수 있는 이유가 되며 목표가 달성될 때 사람들은 행복해진다. 직장생활에도 목표가 있어야 한다. 내 집 마련, 해외여행 등 개인 생활의 목표는 별도로 두고 온전히 직장생활의 목표 말이다. 특히 생업(job)의 관점을 가진 사람들이 직장생활에서 행복을 경험하려면 목표는 선택이 아니라 필수이다.

그러나 역설적으로 생업의 관점을 가진 직장인들은 대부분 직장생활의 목표가 없다. 그들은 개인 생활의 목표, 이를테면 자동차 구매, 대출상환, 주말 나들이 등을 위해 매일 매일의 직장생활을 참고 견딘다. 애석하다. 일주일에 적어도 5일을 몸담고 있어야 하는 곳에서는 목표가 없는 생활을 하고 잠시 주어지는 주말이나 휴가 기간의 목표는 상당히 구체적이다.

직장생활에 목표가 있는가? 직업적으로 자신을 성장시킬 만한 상세하고 뚜렷한 목표가 있는가? 자격증 취득에서부터 업무 향상을 위한 자기계발 노력까지 직장생활에 득이 될 만한 목표는 얼마든지 있을 수 있다. 목표는 분명 사람들에게 활력과 희망을 불어넣는다. 목표가 있다고 모두 행복한 것은 아니지만 목표가 없는 것보다는 훨씬 낫다.

심리학에서는 목표가 행복에 기여한다고 보며 이것을 목표이론(goal theory)이라고 한다. 행복을 설명하는 주요이론 중 하나이다. 인간은 추구하는 목표를 달성하거나 목표를 향해 나아가고 있을 때 행복을 느낀다고 본다. 다수의 연구와 실험에서도 목표이론의 타당성은 지지를 받고 있다. 비단 과학을 들먹이지 않더라도 우리는 익히 경험으로 잘 알고 있다. 목표 없이 방황할 때보다는 목표를 갖고 생활할 때 좀 더 자발적으로 변하고 만족스러운 일상이 가능하다는 것을 말이다. 그럼 어떤 목표가 우리에게 행복을 가져다줄까? 큰 틀로 보면 네 가지로 요약될 수 있다.

첫째, 내가 선택한 목표

자율적으로 선택된 목표를 말한다. 이 부분은 사실 직장생활에서 상당한 도전에 직면한다. 일터에서 주어지는 목표가 대부분 상사나 조직으로부터 내려오는 타율적인 성격을 띠기 때문이다. 내가 선택한 목표가 아니라 명령에 의해 의무가 되어버린 목표는 행복을 유발하지 못한다. 많은 사람들에게 직장생활이 그다지 행복하지 않은 것으로 인식되는 대표적인 이유이기도 하다. 인간은 자율성을 추구하는데 직장생활에서 주어지는 일 자체가 타율적인 경우가 훨씬 많다. 그뿐인가? 무거운 몸을 일으켜 하늘이 두 쪽이 나더라도 반드시 출근해야 하는 것 또한 타율적이다. 그럼 어떻게 해야 할까?

타율성 안에서 자율성을 찾는 지혜가 필요하다. 완전한 자율권이 보장되는 일터, 일하고 싶을 때 일하고 일하기 싫으면 안 해도 되는 호사스러운 자유를 제공해주는 일터는 없다. 내가 하고 싶은 일에 집중하고 윗선에서 시키는 일은 차선으로 미뤄도 되는 일터도 없다. 애석하지만 그것은 우리가 알고 있는 일터의 모습이 아니다. 현실은 그렇다.

구글이나 마이크로소프트는 업무시간의 일정 비율을 하고 싶은 일을 하는데 쓰도록 하고 있지만 어디까지나 해야 할 일을 하는 것이 기본이다. 주어진 일을 산더미처럼 쌓아 놓거나 해야 할 일을 미루면서까지 하고 싶은 일에만 집중할 수는 없다. 그런 직원을 위해 급여를 지급할 기업은 전 세계 어디에도 없다. 그래서 요령이 필요하다. 타율성 안에서 자율성을 찾는 지혜 말이다.

아이에게 숙제를 시켜본 부모라면 잘 알 것이다. 처음에는 하기 싫다고 우긴다. 하지만 숙제를 잘 풀게 되면 숙제가 주어지는 것을 두려워하지 않는다. 경우에 따라서는 먼저 하겠다고 나서기도 한다. 직장에서의 업무도 그렇게 대처할 수 있다. 누가 하라고 시킬 타이밍이라면 예상하고 미리 처리하면 된다. 어차피 해야 할 일을 끝까지 버티면서 스스로 쫓기는 상황을 만들 필요가 있을까?

사회생활 초년 시절 나는 이런 방법을 종종 활용했다. 덕분에 업무량이 남들보다 꽤 많았다. 가만히 있으면 결국 아무도 안 시킬 일이었는데 괜히 미리 한 경우도 많았다. 하지만 몸은 피곤했어도 마음은 편했다. 타율성 안에서 얼마든지 자율성을 찾을 수 있다. 물론 이런 방법이 모든 문제를 해결해주지는 못한다. 그러나 어쩌겠는가? 직장생활이 그런 것이고 업무가 대부분 그런데 말이다.

둘째, 구체적인 목표

[14]사회 심리학자인 제니퍼 아커(Jennifer Aaker)는 개인이 추구하는 목표가 추상적일 때보다 좀 더 구체적일 때 행복에 기여하는 바가 더 크다는 것을 실험을 통해 주장했다. 예를 들어, 골수 기증에 참여한 사람들에게 골수이식이 필요한 환자에게 '더 큰 희망'을 주는 것이라는 추상적인 목표이기보단 수술이 필요한 환자에게 '기증자를 만날 더 좋은 기회'를 제공하는 것이라는 구체적인 형태

---

14 Jennifer Aaker., Melanie Rudda., Michael I. Norton. (2014). Getting the most out of giving: Concretely framing a prosocial goal maximizes happiness. Journal of Experimental Social Psychology Volume 54, 11 - 24

일 때 기증자는 더 행복해했다. 이 말은 막연히 도움을 주기 위해 기증한다고 할 때보다는 도움이 필요한 사람에게 실질적인 도움을 주기 위해 기증을 한다는 목표가 행복에 더 유용했다는 의미이다.

회사에서 인정받는 사람이 되고 싶다는 추상적인 목표보다는 신제품 아이디어 제안을 가장 많이 하는 사람으로 인정받고 싶다는 식의 구체적인 목표가 행복에 더 유용하다. 부모님께 효도하는 착한 자녀가 되겠다는 목표보다는 일 년에 한 번 정도는 함께 여행을 다니겠다는 구체적인 목표가 당신의 행복을 더욱 증진한다.

셋째, 현실적인 목표

이제 막 군에 입대한 훈련병이 최대한 빨리 제대를 하겠다는 마음으로 군 생활을 한다면 행복할 수 없다. 까마득하게 남은 제대 날짜는 엄연한 현실이다. 차라리 첫 외출이나 휴가를 목표로 군 생활을 하는 편이 행복에 훨씬 유리하다. 현실적이지 못한 목표는 좌절감을 안겨준다. 그러나 현재 상황을 고려한 목표는 달성 가능성이 높고 소소한 기쁨을 안겨준다. 직장생활에서도 이 원리는 적용된다. 개인 실적이 한방에 올라가거나 미운 상사가 내일 당장 퇴사하는 모습을 상상하는 것은 분명 기쁠 것이다. 그런데 딱 거기까지이다.

현실에 기반을 두지 않은 목표는 당신의 속을 더욱 쓰리게 할 것이다. 일터에서 좀 더 행복하게 일하고 싶다면 자신의 위치와 상황에 기초한 현실적인 목표를 설정하고 달성하려는 지혜가 필요하다.

넷째, 접근목표(approach goals)

접근목표는 목표를 향해 다가가는 형태를 띠는 목표이다. 반대 말로는 회피목표가 있다. 이것은 목표를 향해 멀어지거나 피하는 방식의 목표이다. 이를테면 김 부장님과는 가급적 마주하지 않겠다고 정했다면 이것은 회피목표이다. 주간회의에서는 절대로 발표를 하지 않겠다거나 사람들이 나를 우습게 보는 행동은 앞으로 절대 하지 않겠다고 한다면 모두 회피목표이다. 회피목표를 가진 사람은 행동이 소극적이고 방어적이며 행복에서 멀어진다.

그러나 접근목표는 이와 다르다. 체중감량을 목표로 한참 운동에 탄력을 받고 음식의 유혹도 쉽게 뿌리치던 경험을 떠올려 보라. 저울이 가리키는 몸무게에 희열을 느끼며 어느 때보다도 운동에 몰입했던 경험이 있을 것이다. 이렇게 목표를 향해 진전감을 느끼며 접근하는 형태의 목표가 접근목표이며 이런 형태의 목표는 행복감을 향상한다. 그러므로 직장생활에서도 반드시 발전과 성장을 체험해야 한다. 작년과 같은 올해 그리고 5년 전과 같은 5년 후의 나의 모습은 자신을 더욱 우울하게 만든다. 자격증, 독서, 운동, 인센티브 등등 무엇이든 좋으니 스스로 결정한 현실적이고 구체적인 접근목표를 설정하며 전진하기 바란다.

휴식은 게으름이 아님을 이해하기

▼

▼

일본전산의 창업자 나가모리 시게노부는 이런 말을 했다. "매일 일하다 조금 쉬면 재미있지만, 매일 놀면 재미가 없어요. 사람들은 스트레스를 푼다고 술 마시고, 파친코에 가고, 영화를 보고 합니다만 그렇게 해서 풀리는 스트레스라면 진짜 스트레스가 아닙니다. 작은 스트레스죠. 진짜 스트레스는 일 스트레스이고, 그것은 일로 성공해야 비로소 풀립니다."

나는 종종 이 문구를 강의에 인용한다. 그런데 그때마다 청중의 반응은 매우 극단적으로 나뉜다. 고개를 끄덕이며 동의하는 사람도 있지만 어떤 이는 "저런 식의 생각은 일 중독자에게나 어울리죠. 저렇게 살 수는 없어요!"라고 말하기도 한다.

실제로 나가모리 시게노부는 일 중독자일지도 모른다. 그의 말은 '중요한 일이 해결되지 않고서는 쉬는 것도 쉬는 것이 아니니 성공적으로 일을 완수하는 데 더 많은 열정을 쏟아라.' 쯤으로 볼 수 있을 것이다. 이삼십 대의 젊은 세대라면 노인네가 잔소리한다고 싫어할 수도 있겠다.

그러나 나는 그의 말에 많은 부분 공감한다. 나처럼 신경성 인자를 많이 가진 사람은 걱정과 불안을 안고 살기 때문에 완전한 휴식을 취하려면 처리해야 할 일이 웬만큼 해결되어야만 한다. 그래

205

서 여행도 외식도 영화도 일이 다 끝난 후에 갈 때 훨씬 편안하다. 그러나 이런 식의 휴식에는 분명 문제가 있다. 걱정하고 불안해하는 사람에게 완전한 휴식은 좀처럼 찾아오기 힘들다는 것이 첫 번째 이유이고 그다음은 일이 완전히 끝난 다음에 쉬려면 결과적으로 기약이 없거나 영원히 못 쉰다는 점이다.

그러므로 나가모리 시게노부가 한 말의 옳고 그름을 논하기 보다는 직장생활을 하면서 각자에게 맞는 적절한 휴식의 타이밍을 잡는 것이 더 중요하다. 나처럼 일이 처리된 후에야 비로소 완전한 휴식이 가능하다는 식의 생각도 피곤하고, 일단 쉬고 보자는 생각도 위험하다. 그래서 나는 과거보다는 더욱 유연하게 휴식을 활용하며 중간중간 활력을 얻고 있다. 휴식의 타이밍을 과거처럼 일이 완전히 끝나는 최종시점으로 보지 않고, 중간에 몇 단계를 더 두고 각 단계가 마무리되는 정도라면 휴식을 멀리하지 않는다. 이제야 느끼는 바이지만 이런 마음을 진작 먹었어야 했다. 휴식은 게으름이 아님을 조금 일찍 알았더라면 나의 몸과 마음이 좀 더 건강해지지 않았을까 싶다.

일을 하며 조금 더 행복해지고 싶다면 쉬어라! 쉬고 또 쉬는 것이 아니라 쉼표가 적절히 배합된 직장생활의 그래프를 그릴 수 있어야 한다. 일이 다 끝난 다음에 쉬는 것도 의미 있지만 적절히 쉬어가면서 해야 일도 제대로 마칠 수 있음을 받아들이는 여유가 필요하다.

특히 일에 대한 초점이 '경력(career)'에 맞춰져 있는 사람이라면 휴식의 중요성을 눈여겨봐야 한다. 성취를 통한 행복도 좋지만 그 과정에서 장기간 긴장 상태에 방치된다면 스트레스의 노예가 된다. 덤으로 몸까지 상할 수 있다. 만일 그렇게 되면 그다음의 성취에도 지장을 받게 된다.

휴식이 행복에 기여하는 바는 분명하지만 그 정도가 지나칠 때에는 오히려 독이 될 수 있다. 일례로 여가중독(leisure addiction)이 있다. 이것은 지나치게 몰두하고 집착하는 레저 활동 등으로 인해 결과적으로 일을 완수하는 데 어려움을 겪는 중독 행동이다.

주말이나 연휴가 되면 나들이를 하고 여행을 다니고 사람들을 만나는 것은 권장할 만한 휴식방법이다. 그러나 중독이 되면 이야기가 달라진다. 중독이란 중요하고 긴급한 일이 있더라도 손해를 감수하면서까지 특정 행위에 매달리는 것이다. 예를 들어, 도박으로 가정이 엉망이 되고 부부관계가 깨질 위기에 처했음에도 도박을 끊지 못하는 것은 도박중독이다.

일할 때는 일하고, 쉴 때는 쉬어야 하는데 일하는 시간에도 지장을 줄 만큼 여가 생각에 골몰한다면 문제가 있다. 근무시간에 종종 여가생활에 필요한 정보와 가격을 알아보느라 정신을 빼앗기는 일이 있다면 이 또한 여가중독에 빠지지 않도록 조심해야 한다. 여가중독은 일로부터 도피하기 위해 필사적으로 탈출구를 찾는 회피행위에 불과하다. 그것은 진정한 휴식이 아니다. 여가 때문에 진전시키거나 마무리해야 할 일을 미봉합 상태로 계속 내버려 둔다면 이 일이 결과적으로 미래의 휴식을 방해하는 원인으로 되돌아올 것이다. 과도할 때는 사회적 성취와 성장 그리고 일상적인 휴식까지도 방해하는 요인이 될 수 있다.

휴식은 게으름이 아니다. 적극적으로 휴식을 취하는 것은 사회적 활동에 필요한 에너지를 얻는 좋은 수단임이 틀림없다. 에너지가 고갈되지 않도록 나에게 맞는 알맞은 휴식을 통해 행복을 관리했으면 한다.

일이 주는 긍정적인 측면도 살펴보기

▼

▼

인간의 여러 가지 심리적 특성 중에 타인과 사물 그리고 상황의 부정적인 요소를 찾아내는 능력은 탁월하다. 어쩌면 신이 인간에게 주신 가장 유용한 기능이자 불편함이 아닐까 한다. 경쟁에서 이기려면 타인의 문제점과 결점을 잘 탐색하고 발견하는 것이 유리하다. 그러나 이런 능력이 지나치게 발달하면 경쟁이 필요 없는 상황뿐만 아니라 일상에서도 늘 타인과 사물 그리고 상황의 부정적인 요소에 초점을 맞추게 된다.

일을 하는데 있어서도 동일하다. 일이 주는 분명한 이점이 있음에도 불구하고 일을 하게 됨으로써 불편해지는 것들에 초점을 맞추면 일은 고통이 되고 일터에서는 우울한 상태에 머물게 된다. 특히 우리가 이미 적응(adaptation)해버려서 지금은 장점의 지위를 잃어버린 일과 일터의 긍정적인 측면을 차근차근 살펴보는 것은 분명 의미가 있다.

이제 막 사회초년생이 된 직원들에게 일이 주는 긍정적인 측면이 무엇인지 질문하면 경제적으로 자립이 가능해진다, 당당한 사회 구성원이 된다, 부모님께 맛있는 음식을 사드릴 수 있다, 가끔 친구들에게 한턱 쏠 수 있다는 점 등등 매우 다양한 의견을 보인다. 그런데 입사 3년 차 정도가 된 직원들을 대상으로 동일한 질문을 해보면 장점으로는 돈을 번다는 것 정도만 남아 있고 대부분 부정적인 요소로 채워진다.

직장생활은 분명 녹록지 않다. 그래서 처음의 순수한 기대와 희망이 불과 3년 사이에 훼손되고 상처를 받았을 확률이 높다. 그러나 일이 주는 긍정적인 측면은 분명 처음과 같이 그대로 남아 있다. 다만 우리의 마음이 부정적인 측면에 더 주의를 기울이고 우리의 눈높이가 긍정적인 측면을 제대로 살펴보지 못하도록 하지는 않았는지 점검해보아야 한다.

긍정적인 측면을 살펴보라는 의미는 긍정적인 요소만 들여다보라는 뜻이 아니다. 만일 이처럼 일이 주는 부정적인 요소가 압도적이라면 부정적인 측면을 최우선으로 살펴보아야 할 것이다. 고압선에 매달려 작업을 하는 극한 직업을 가진 사람들을 대상으로 강의를 한 적이 있다. 그들의 하루 일당은 내가 알고 있는 어떤 현장작업자의 임금보다도 높았다. 아무나 할 수 없는 일이면서도 높은 위험에 노출된 일이기 때문일 것이다.

그러나 이런 극한직업이 가지고 있는 고도로 위험한 작업환경을 감당할 수 없음에도 불구하고 높은 수당이라는 긍정적인 요소에만 초점을 맞춰서 이 직업을 선택한다면 행복에 방해가 될 것이다. 그러므로 일이 주는 부정적인 요소가 실제로 압도적이라면 긍정적으로만 볼 것이 아니라 부정적인 측면도 면밀히 살펴보고 현명한 판단을 내리는 것이 행복에 더 유용하다.

문제는 시간이 흐름에 따라 일이 주는 좋은 점이 시들해지고 급기야 일이 정떨어지는 것으로 인식될 때 발생한다. 어디에서 어떤 일을 하든 긍정적으로만 생각하며 일하는 것은 불가능하다. 그러나 일이 주는 긍정적인 측면을 쉽게 부정적인 측면에 내어준다면 우리가 누려야 할 일터의 행복은 덧없이 사라질 것이다.

자원봉사자를 생각해보자. 그들은 일이 주는 긍정성에 초점을 맞춤으로써 돈을 얻지는 못하지만 보람을 느끼며 일한다. 우리가 자원봉사자로부터 배울 수 있는 가장 의미 있는 것이 있다면 바로 이것이 아닐까 한다. 우리는 자원봉사자보다 유리하다. 일이 주는 긍정적인 측면도 살펴봄으로써 돈도 벌고 일도 보람되게 할 수 있기 때문이다. 먹고사는 문제로 어쩔 수 없이 지금 하는 일을 선택했다고 하더라도 일이 주는 부정적인 요소에 더 많은 관심을 집중하는 것은 현명하지 못하다. 가끔은 일이 주는 긍정적인 측면도 살펴봄으로써 무엇보다 스스로가 여유로워지고 행복해지는 경험을 이어갔으면 한다.

천년만년 일할 수 있는 게 아님을 깨닫기

▼

▼

얼마 전 감기를 크게 앓은 적이 있다. 지금 생각해도 웃음이 날 정도로 귤껍질에 파 뿌리까지 끓여 먹어가며 부산을 떨었던 기억이 난다. 건강이 회복된 후 문득 평소에 이정도로 몸 관리를 철저히 한다면 정말 못할 일이 없을 것 같다는 생각이 들었다. 건강도 건강할 때 지켜야 하는데 왜 매번 잃어버리고 나서 관리에 열을 올리는지 스스로 반성을 하게 됐다.

자원의 유한함을 알 때 우리는 그것을 아끼고 소중하게 다룬다. 삶이 유한하기 때문에 우리는 시간을 낭비하며 살면 안 되며, 평생 벌 수 있는 돈도 유한하기 때문에 알뜰하고 규모 있게 생활해야 한다. 마찬가지로 우리의 건강도 유한하기 때문에 결코 건강을 과

신해서는 안 된다. 그리고 우리의 직장생활이야말로 유한하기 때문에 우리는 지금의 일터를 소중하게 생각할 수 있어야 한다.

어느 누구도 천년만년 일할 수는 없다. 그래서 더 신중하게 직업을 선택하고 직장을 구해야 한다. 그리고 그렇게 들어간 직장에서 성장과 행복을 경험해야 한다. 일터에서 조금 더 행복해지고 싶다면 지금 하는 일도 결국 언젠가는 할 수 없게 됨을 생각해야 한다. 그렇다고 우울해질 필요는 없다. 일을 소중하게 생각하는 마음, 일을 할 수 있는 기간이 유한하다는 생각을 가져야 한다는 의미이다.

나는 글을 쓰고 기업체에서 강의하는 일을 하지만 이 일을 언젠가 할 수 없게 된다는 생각을 하면 눈물이 난다. 나 또한 몇 번의 회사를 옮겨 다녔고, 어떤 직장에서는 일이 돈벌이 수단 이상의 의미를 갖지 못했다. 지나고 보면 그때는 직장생활이 유한하다는 생각을 조금 다른 방식으로 했었던 것 같다. 어차피 정년퇴직 때까지는 다닐 수 없으니 벌 수 있을 때 조금이라도 더 벌자는 식으로 말이다. 그래서 더 좋은 회사, 더 높은 연봉, 더 좋은 조건을 찾아 다녔지만 선택의 결과도 신통치 못했다. 덕분에 일터에서 행복했던 경험이 그리 많지 않다.

나는 나의 직장생활을 후회한다. 직장생활이 유한하기 때문에 더 좋은 조건을 찾아다녔던 나의 행동을 후회한다. 만일 그때 나의 일 그리고 내가 속한 일터와 동료들을 더 소중히 생각했더라면 어차피 직장을 옮기더라도 조금 덜 급하게 그리고 조금 더 현명하게 선택하지 않았을까?

천 년 만 년 일할 수 없다. 지금 다니는 일터를 무조건 고맙게 여겨야 함을 주장하는 것이 아니다. 자원의 유한함 그리고 그렇게 얻은 소중함이라는 생각을 당신의 직무 그리고 일터와 동료에게로 옮겼으면 한다. 불만과 우울함으로 일하기보다는 소중하기 때문에 정성을 다하는 태도는 당신의 직무의욕을 고취하고 주변 사람들의 행복감도 상승시켜줄 것이다.

CHAPTER 05

일터의
진정한

일터의
진정한 행복

일터의 행복에 대한 현실적인 기대감

행복과 불행이 함께하도록 허락하라

일터의 행복에 대한
현실적인 기대감

[15]심리학자 에몬스(Emmons)와 그의 동료들은 '인생의 의미'에 관한 연구를 진행하면서 독특한 특성을 하나 발견했다. 인생의 의미를 구성하는 여러 요소 중 일(직업)은 다른 요소와는 다르게 행복과 상관이 낮거나 오히려 역상관을 나타낸 것이다. 이 말은 일이 인생의 필수적인 요소이지만 일(work)이라는 것이 그다지 즐겁지만은 않다는 것을 뜻한다.

자신의 일에서 성공을 경험하며 타인에게 인정을 받고 성장하는 것은 행복한 삶의 핵심요소이다. 그러나 일을 하는 과정과 높은 기술 수준에 도달하기까지는 매우 고될 뿐만 아니라 큰 인내심이

---

15 『긍정심리학』 P410 '직업과 자기실현' 참조. (권석만 저. 2015. 학지사)

요구된다. 굳이 성공을 꿈꾸지 않더라도 일을 하지 않고서는 일상적인 생활을 유지할 수 없는 것이 보통사람들의 모습이다. 이러한 이유로 일은 삶에 중요한 요소이지만 마냥 즐겁지만은 않은 인생의 독특한 영역이라고 할 수 있다.

행복한 일터의 조건, 일터에서 행복해지기 위한 조건이 결코 단순하지 않은 이유도 바로 이 때문이다.

일이란 참 얄궂은 것이다. 우리가 체험적으로 알고 있는 일의 특성도 그렇다. 일이 없을 때는 생계가 흔들린다. 실업 상태로는 누구도 행복하기 힘들다. 그래서 구직활동에 전념하며 필사적으로 일자리를 구한다. 마침내 취업이 결정되면 백수 생활에서 탈출했다는 기쁨이 밀려온다. 그러나 마음 한편에서는 걱정이 피어오르기 시작한다. 일터에서 새롭게 만나야 할 사람들 그리고 주어질 일과 책임에 대한 걱정을 피하기는 어렵다. 그리고 새로운 일터에서 우리는 다시 업무 스트레스와 일에서 탈출하고 싶다는 욕망에 맞서 싸워나가야 한다. 일이란 참 얄궂다. 멀어지면 만나고 싶지만, 막상 만나고 나면 다시 멀어지고 싶다. 일이란 원래 그렇다. 이것이 현실이다.

일은 이렇듯 행복의 원천이 되기도 하지만 행복을 빼앗아 가기도 하므로 일터의 행복 또한 별반 다르지 않다. 이런 일을 하면 행복해질 것이라는 생각. 저 회사에 들어가면 행복해질 것이라는 기대는 유효기간이 짧다. 일과 일터에 대한 이상적이고 환상적인 기대감을 갖는 것은 정신건강에 그다지 도움이 되지 못한다. 현실적인 기대감이 더 유용하다.

나는 이 대목에서 독자 여러분이 실망하기보다는 고개를 끄덕이기를 희망한다. 미혼자라면 미래에 만나게 될 연인이 환상적일 것이라는 기대감을 가질 수 있다. 허나 막상 결혼해서 살아보면 현실은 기대와 사뭇 다르다는 것을 우리의 조상들이 증명해줬고, 지금 당신이 몸소 체험하고 있을 것이다.

그러므로 일터의 행복에 대한 현실적인 기대감은 순탄하고 적응적인 직장생활을 하는 데 많은 도움이 된다. 기대수준이라는 것이 있다. 기대수준이 너무 높으면 현실에서 실망할 확률이 높지만, 기대수준이 낮거나 적절하면 만족할 확률이 높다. 어차피 실제 상황은 동일한데 기대수준을 미리 잔뜩 올려놓고 실망하기보다는 적절히 조절하는 편이 더 낫지 않을까?

우선 상사와 부하에 대한 현실적인 기대감을 생각해보자. 상사와 부하는 어차피 일터에서 만난 사람들이고 업무적으로 연결되어 있는 관계이다. 일을 하다 보면 크고 작은 의견 충돌은 필연이다. 당신과 성격도 다르고 취향이나 가치관 그리고 자라온 환경도 아주 다르다. 그런데 그들과 아무 탈 없이 평화롭게 잘 지내기를 바란다면 이런 기대가 현실적일까? 일의 결과에 늘 책임을 지고 공과 사를 철저히 구분하며 감정적이지 않으면서도 후배들의 방패가 되어주는 상사가 현실적일까? 매사에 적극적이고 상사가 궁금해하기 전에 먼저 보고하고 예의 바르고 감각 있는 부하가 현실적인가? 애석하지만 그렇지 않다. 그것은 해외토픽이나 드라마에 더 많이 존재한다. 상황에 따라 책임질 일은 책임지고, 이유 없이 분풀이를 하기도 하고, 후배에게 책임을 떠넘기는 상사도 많다. 성의 없는 태도로 상사의 말을 듣고, 묻기 전에는 절대로 먼저 보고하지 않으며 일 처리를 엉뚱하게 해놓는 부하도 충분히 많다. 이것이 현실이다.

동료들을 의심하고 희망을 버리라는 말이 아니다. 기대감을 조금 현실에 맞게 조율하자. 당신이 할 수 없다면 당신의 동료들도 할 수 없다. 일터는 현실이다.

회사에 대한 현실적인 기대감도 생각해보자. 미국의 신용카드 결재대행사 그라비티 페이먼트(Gravity Payments)의 CEO 댄 프라이스(Dan Price)가 직원들의 최저 연봉을 7만 달러(한화 약 8천만 원)로 인상했다는 소식에 많은 사람이 열광했다. 또 전세기를 빌려서 전 직원이 해외여행을 떠나는 회사의 이야기도 우리를 설레게 만든다. 그러나 현실은 이런 환상적인 소식과는 꽤 다르다. 연봉인상이 아닌 연봉동결이 더 자연스럽고, 내 돈 주고 여행 가는 것도 눈치를 봐야 하는 경우가 부지기수다.

일에 대한 현실적인 기대감도 생각해보자. 신입사원이 아무리

화려한 스펙과 자격증을 섭렵하였더라도 처음부터 가슴 뛰는 프로젝트에 투입되는 일은 없을 것이다. 팀원들과 해외출장을 가고 그곳에서 많은 것을 경험하며 직장생활의 미래를 그려보는 일도 처음에는 어림없다. 현실적으로 가장 먼저 마주해야 할 업무는 복사이다. 화장실 변기보다 복사기와 더 자주 마주해야 하며, 서류가 섞이지 않도록 정리하고 스테이플러를 찍고 결재판에 끼우는 일이 현실이다. 영업사원이라면 처음부터 고객과 대면하며 세일즈 기술을 발휘하는 것이 아니라 사은품이나 카탈로그를 챙기는 일이 먼저다. 그리고 그 일은 과장이 되고 부장이 될 때까지 반복되고 지속된다. 이것이 현실이다.

일터는 결코 우울하지도 마냥 행복하지도 않다. 그곳에 일이 있기 때문에 우리는 울고 웃고 분노하고 걱정하고 환호하며 그렇게 직장생활을 한다. 행복한 일터는 없다고 실망하지도 말고 우울한 일터가 현실이라며 단정 짓지도 말았으면 한다. 두 가지가 적절히 섞여 있거나 한 쪽으로 조금 치우쳐 있는 것이 우리가 매일 경험하는 일터일 것이다. 그리고 그것이 현실이라는 생각은 우리를 보다 강건하고 행복하게 만들어 주는 유용한 도구가 될 것이다.

행복과 불행이
함께 하도록 허락하라

오늘 하루, 얼마나 자주 기뻤고 또 얼마나 자주 우울했는가? 출근길 지하철에서 덩치 큰 배낭을 짊어진 사람 때문에 불편했지만, 점심시간에 동료 덕분에 행복했는가? 오전에 마무리한 보고서 때문에 기뻤지만, 퇴근 무렵 날아온 상사의 업무지시로 분노지수가 상승했는가? 하루를 기준으로 우리가 느끼는 감정은 들쭉날쭉한다. 좋은 일도 있고 나쁜 일도 있다. 평범한 하루도 있고 환상적인 하루도 있고 최악의 하루도 있다. 행복과 불행은 늘 한데 섞여 있다. 우리가 긍정적인 생각과 부정적인 생각을 함께하며 살아가기 때문에 우리의 직장생활도 행복과 불행이 함께 있다.

[16]켄달(Kendall)과 그의 동료들은 1989년 발표한 연구에서 심리적으로 건강한 사람들은 긍정적인 생각과 부정적인 생각의 비율이 1.6 대 1.0 정도를 보인다고 주장했다. 실제로 너무 긍정적인 감정에만 치우쳐 있으면 그 사람은 정신적으로 건강한 상태라고 할 수 없다. 기쁨을 주체할 수 없거나 미래를 낙관적으로만 바라보고 지나치게 자신감에 넘쳐 있는 상태가 계속되면 오히려 위험에 빠질 수 있다. 그리고 이런 상태가 심해지면 조증(manic disorder)이라는 심리 질환에 이르게 된다. 반대로 지나치게 부정적인 감정에 머물게 되면 우리가 잘 알고 있는 우울증에 빠지게 된다.

1.6 대 1.0의 비율이 우리에게 말해주는 것은 우리의 생각도 세상사도 좋은 것과 나쁜 것, 긍정과 부정이 적절히 섞여 있고 그것이 오히려 건강한 상태라는 점이다. 너무 좋기만 해도 너무 나쁘기만 해도 문제가 된다. 완전히 행복한 일터는 없다. 그리고 완전히 부정적인 요소로만 채워진 일터도 없다. 매일 즐겁게 일할 수도 없고 매일 슬픔에 빠져 일하기도 힘들다. 시간이 지나고 조금 멀리서 바라보면 직장생활이 이렇게 긍정과 부정적인 요소가 뒤섞여 있음을 누구나 깨닫게 된다. 과도하게 한쪽에 집중하는 것은 정신건강에 좋지 못하다.

---

16 Kendall, P. C., Howard, B. L., & Hays, R. C. (1989) Self-reference speech and psychopathology: The balance of positive and negative thinking. Cognitive Therapy and Research 13(6):583-598.'

　나의 첫 번째 직장은 이온 음료와 피로회복제로 유명한 곳이었다. 이곳에서 나는 해외수입을 담당하는 일을 했는데 업무보다 바로 위에 있는 상사와의 관계가 백배는 더 힘들었다. 종잡을 수 없는 감정, 잦은 신경질과 까칠한 태도 때문에 정말이지 가시방석에 앉아 있는 느낌이었다. 아침에 오렌지가 제일 좋다고 해놓고 한 시간 후에 내가 세상에서 제일 싫어하는 과일이 오렌지라고 하는 식이었다. 나름 높은 경쟁률을 뚫고 입사한 곳이었는데 나의 하루하루는 우울하다 못해 비참했다. 행복한 일터는 나와 전혀 상관이 없었다. 나는 우울한 일터 한복판에 있었고, 대한민국에서 제일 불행한 신입사원 중 한 명임에 틀림없다고 생각했다.

　하지만 시간이 몇 개월 정도 지나자 슬슬 적응이 됐다. 힘든 하루도 있었지만 괜찮은 하루도 있었다. 그럭저럭 버틸만했다. 어떤 미친 날에는 나의 상사가 꽤 괜찮은 사람일지도 모른다는 생각이 들기까지 했다. 생각해보면 우울감에 빠져 있었던 기간에는 부정적인 생각의 비율이 현저히 높았던 것 같다. 그리고 그럭저럭 적응하며 생활하던 시기에는 긍정적인 생각과 부정적인 생각이 적절한 균형을 맞추고 있었다. 지금 와서 보면 세상에서 내가 가장 불행한 신입사원이라고 믿었던 시절도 꽤 값진 경험이었다는 생각이 든다. 불행하지만도 않았고 그렇다고 행복하지만도 않았다. 어디를 가든 어떤 사람을 만나든 우리의 일상, 직장생활, 삶에는 행복과 불행이 함께 한다.

그렇다고 직장생활이 다 거기서 거기라는 말은 아니다. 너무 부정적으로 예측할 필요도 없고, 긍정적으로만 생각해서도 안 된다는 의미이다. 조금은 관망하며 흘러 가는 대로 놔두는 편이 행복에 훨씬 유리하다. 새옹지마(塞翁之馬)라는 말도 있지 않은가? 자신이 기르던 말이 도망을 갔을 때는 불행이지만, 새끼를 낳아 다시 돌아왔을 때는 행운이 된다. 또 그 말을 타다 낙마하여 아들이 불구가 된 것은 불행이지만, 전쟁이 발생했을 때 징집에서 제외되어 목숨을 구한 것은 행운이 된다.

우리가 느끼는 기분도 하루를 기점으로 살펴보면 긍정과 부정이 함께 한다. [17]미국에서 진행된 한 연구에서는 사람들이 하루 중 어떤 시간대에 긍정적인 기분을 느끼고 어떤 시간대에 부정적으로 바뀌는지를 살펴보았다. 트위터 메시지 5억 개 이상을 분석하여 진행된 연구에서 사람들은 이른 아침에는 평온하고 점심시간을 기점으로 잠들기 전까지 부정적인 기분이 계속 증가하는 것으로 나타났다. 긍정적인 기분도 오후 12시(점심시간) 이후로 점차 하락하는 것으로 나타났다.

종합해보면 아침에 출근할 때까지는 그런대로 기분이 나쁘지

17 S. A. Golder and M. W. Macy, "Diurnal and seasonal mood vary with work, sleep, and daylength across diverse cultures," Science 30 Sep 2011: Vol. 333, Issue 6051, pp. 1878–1881, from www.science.org

않았다가 점심시간을 기점으로 스트레스와 크고 작은 일로 기분이 차츰 저조해진다는 것이다. 모두가 동일한 리듬을 타는 것은 아니지만 일상적으로 우리의 기분도 행복과 불행감을 하루에도 몇 차례씩 오고간다.

기분 나쁜 일이나 불편한 사람을 아무리 필사적으로 회피한다고 해도 결국에는 찾아오거나 대면하게 될 것이다. 하기 싫은 일이나 짜증 나는 고객 때문에 오랜 시간 고생을 하더라도 결국 좋은 일도 찾아올 것이다.

행복과 불행이 함께 하는 것은 우리의 일상이고 우리의 삶이다. 결코 쉽지 않은 일이지만 그러려니 하며 내려놓는 지혜가 행복이다. 우리의 직장생활도 행복과 불행이 함께 하도록 허락했으면 한다.

일터에서 행복해지고 싶다면 노력해야 한다

출근을 생각하면 힘이 빠지고 퇴근할 때가 되면 기분이 좋아지는 일상에서 나는 자유로웠던가? 직장생활을 하는 동안 행복과 불행 중 어느 쪽이 더 많았는지에 대한 회고에서 나는 행복이라고 자신 있게 말할 수 있는가?

행복한 일터에 대한 고민은 해를 거듭할수록 계속되었고 결국 그 고민은 나의 직업이 됐다. 책을 마무리하며 자문해본다. 일터에서 행복해지기 위한 방법을 한마디로 요약한다면? 그것은 "노력하지 않으면 행복은 없다!"이다. 제아무리 정돈된 잔디밭도 그대로 방치하면 머지않아 잡초로 무성해진다. 맑은 물의 수영장도 관리에 공을 들이지 않으면 곧 이끼로 채워진다. 행복도 마찬가지이다. 노력하지 않으면 행복은 없다. 행복한 부부는 노력하는 부부이다. 각자의 역할에 충실할 때 집안에 웃음꽃이 피고 화목해진다. 가만히 놔둔다고 자연스럽게 행복해지는 것이 아니다.

일터에서 행복해지고 싶다면 노력해야 한다. 노력하지 않으면 일의 소중함, 소속감, 동료의 좋은 점 등은 퇴색되고 부하의 부족한 부분, 상사의 미운 점, 회사의 열악한 조건이 점점 커지게 마련이다. 우리의 마음이 행복에 조금 더 오래 머물게 하려면 애써 노력해야 한다. 좀 더 구체적으로 말하면 아는 것을 행동으로 옮겨야 한다. 행동하고 실천하는 것이 노력이다. 행동하지 않고 가만히 있으면 잡초에게 자리를 빼앗긴 잔디처럼 일터의 행복이 자취를 감출지도 모른다.

그런 점에서 나의 직장생활은 나로 인해 행복하지 못했다. 나는 반성한다. 이 한 몸 행복해지기 위해서 얼마나 많은 사람을 원망하고 회사를 비난하고 자신을 탓했던가. 그럼에도 나는 그다지 행복하지 못했다. 생각은 많았지만 노력에는 게을렀다. 행동이 따르지 못하는 고민은 소모적이고 마음만 힘들게 한다. 반면 행동하며 부딪히는 사람은 노력하며 행복을 관리하는 사람이다.

어디서부터 어떻게 노력해야 할지 모르겠다면 책의 처음으로 다시 돌아가 보는 것도 좋을 듯싶다. 두 번째 보게 된다면 분명 마음에 더 와 닿는 지점이 있을 것이다. 실천의 세세한 부분은 물론 각자의 몫이다. 누구나 다른 환경에 놓여 있고 다른 성격을 가지고 있기 때문이다. 고민하고 시도하고 포기하고 다시 해보는 것은 분명 의미가 있다. 노력이 결국 원하는 결과를 가져오지 못한다 하더라도 그 과정에서 소소한 행복을 경험할 것임을 나는 확신한다. 당신의 직장생활이 그런대로 흐뭇한 추억이 되고 견딜만한 현실이 되기를 진심으로 바란다.

심윤섭